KB134493

바쁠수록
가장 중요한 일에
집중하라

피터 드러커와 함께하는
자기경영 이야기

홍성욱 지음

바쁠수록
가장 중요한 일에
집중하라

피터 드러커와 함께하는
자기경영 이야기

프롤로그 1

아래 그림은 사격 경기의 표적지이다. 첫 번째 선수의 총알은 열 발 모두 목표에 명중했다. 두 번째 선수는 목표를 겨냥했지만 한 발만 명중했고 나머지는 못 미쳤다. 세 번째 선수는 잘못된 목표를 겨냥하고 목표 지점을 쏘았지만 점수를 얻지 못했다. 네 번째 선수는 목표도 잘못됐고 모든 총알이 겨냥한 목표에서 벗어났다. 네 선수 중 누가 우승을 했을까? 당연히 첫 번째 선수다. 이 선수는 만점을 쏘고 금메달을 목에 걸었다.

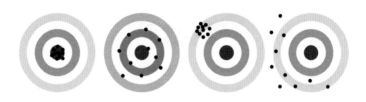

네 선수의 사격 경기 표적지는 우리의 인생을 구분해 준다. 첫 번째 표적지와 같은 인생은 자기 인생에서 중요한 일과 목표를

분명히 하고 집중하여 목표를 달성하는 사람들의 모습이다. 그 결과는 올림픽에서 금메달을 따는 것처럼 열매를 맺는 인생이다. 아쉽게도 소수의 이야기다.

많은 사람은 두 번째 표적지와 같은 인생을 살고 있다. 자기 자신에게 중요한 일과 목표가 무엇인지 알고 있지만 목표에 집중하지 못하고 인생에서 열매를 맺지 못하는 삶이다. 이 사람들은 좀 더 열심히 살지 못한 것을 후회하는 삶을 반복한다.

세 번째 표적지와 같은 인생은 억울한 인생이다. 그들은 잘못된 목표에 집중한다. 그들은 열심히 살지만 원하는 결과를 얻지 못한다. 변화가 빠르고 복잡한 시대에는 이런 모습으로 사는 사람들이 제법 많다. 그들은 한 번뿐인 인생을 억울하게 산 것에 절규한다.

네 번째 표적지와 같은 인생은 잘못된 목표를 설정하고 집중하지도 못한 모습이다. 어쩌면 열심히 살았지만 열매가 없는 세 번째 삶보다는 덜 억울할 수 있다. 어떤 사람은 목표도 없고 집중도 하지 않는 산만한 삶을 산다. 언뜻 자유로운 삶을 사는 것처럼 보일 수 있지만 어려운 삶을 지속하며 결코 자유로운 삶을 살지 못하는 사람들이다.

다만 모든 사람이 똑같은 표적을 향해 쏘는 사격 경기와 달리 인생에서 집중해야 할 표적은 사람마다 다르다. 왜냐하면 사람마다 가치가 다르고 중요한 일과 목표가 다르기 때문이다. 성공하는 인생은 자기 삶에서 중요한 일을 분명히 하고 올바른 목표를 설정하는 것에서 시작된다.

변화가 빠르고 복잡한 시대를 성공적으로 살아가기 위한 인재상은 자신에게 중요한 목표를 설정하고 올바르게 목표를 달성할 수 있는 사람이다. 이 책은 자신의 인생과 일에서 올바른 목표를 세우고 그 목표를 달성하는 데 필요한 역량 이야기이다.

프롤로그 2

사회가 변하면 새로운 단어가 등장하기 마련이다. 세상에 새로운 단어가 만들어지는 이유는 따질 것 없이 필요하기 때문이다. 사회적 변화 속에서 태어나는 신조어들은 그 시대의 모습을 담고 있다고 할 수 있다.

최근 새롭게 등장한 신조어가 많다. 그중 하나는 '역량 (Competency)'이다. 역량이란 말이 왜 생겼을까? 지식 사회로의 흐름에서 기업은 직원을 채용할 때 지적 능력을 평가하여 선발했다. 그런데 언젠가부터 기업은 지적 능력은 높지만 일에서 성과를 내지 못하는 사람이 많다는 사실을 고민한 결과로 효율적으로 업무를 수행하고 성과를 내는 능력을 구분하여 역량이라고 표현하기 시작했다. 경쟁이 치열한 사회에서 역량은 경쟁력이 된다.

역량은 일반적인 능력이 아니다. 역량은 전문 지식은 물론 자신이 가지고 있는 모든 자원을 활용하여 목표를 달성하고 성과를 내는 능력이다. 아무리 지식이 많다고 해도 실제 일과 삶에서 구체적인 결과를 내지 못한다면 그 지식은 쓸모없는 지식일 뿐이다. 고도화된 지식 사회에서 전문 지식은 필수적이지만 지식이 곧 성과 자체는 아니다. 새로운 사회는 지식을 활용하고 성과를 내는 능력, 즉 역량을 요구한다. 자신이 소유한 모든 자원을 활용하여 일과 삶에서 성공적 결과를 내는 역량은 시대정신이다.

지식노동자의 생산성 향상을 연구한 피터 드러커는 일찍이 지식노동자에게 필요한 능력은 전문 지식과 함께 자신이 가진 다양한 자원을 활용해서 목표를 달성하는 능력이라고 주장했다. 피터 드러커가 제시한 목표를 달성하는 능력에는 5가지가 있다. 첫째, 외부 세계에 초점을 맞춘다. 둘째, 자신이 시간을 어떻게 사용하는지 잘 이해한다. 셋째, 중요한 일에 집중한다. 넷째, 강점으로 성과를 낸다. 다섯째, 목표를 달성하는 의사결정을 한다. 이 책은 피터 드러커가 제시한 5가지 목표 달성 능력을 확대해 7가지로 살펴본다. 즉 목표 관리 역량, 시간 관리 역량, 환경 관리 역량, 원칙 활용 역량, 강점 활용 역량, 상호 공헌 역량, 자기 성장 역량이다.

다만 다수의 역량을 강조하다 보면 무엇이 더 중요한 역량인지를 알기 어려워 숲속에서 길을 잃은 신세가 될 수 있다. 이 책을 통해 제시하는 7가지 역량을 하나로 묶으면 중요한 일에 집중하여 성공하는 결과를 내는 역량이 된다. 우리는 오늘 그리고 인생에서 중요한 일을 명확히 하고 그것에 집중해야 한다. 그래야 자신이 원하는 하루와 인생을 살 수 있다. 모쪼록 이 책의 내용이 자신에게 가장 중요한 일에 집중하여 기쁘게 일하고 자신이 한 일에 기뻐하는 행복한 삶을 사는 데 힘이 되길 간절히 기원한다.

CONTENTS

제1부   지식노동자의 7가지 역량 ───────────

1. 우리는 지식노동자다   ··· 027

지식 사회는 어떤 세상인가 / 누가 지식인인가 / 목표는 효과적인 지식노동자다 / 답은 지식노동자의 생산성이다 / 지식 사회는 전문가를 원한다 / 효과적으로 일하는 방법을 알아야 한다

2. 지식노동자의 7가지 역량   ··· 053

『프로페셔널의 조건』을 만나다 / 몸값을 올리자 / 성과 차이는 목표 달성 능력의 차이다 / 일을 잘하는 사람에겐 뭔가 있다

제1부

지식노동자의 7가지 역량

리더는 영웅이 아니다

리더는 단순히 누군가를 이끄는 사람이 아닙니다.
리더십은 타고난 재능이 아니며,
오직 목표 달성에 의해서만 평가받을 수 있습니다.
당신은 목표를 달성하는 리더입니까?

비즈니스 세계에서 가장 많이 쓰고 있는 단어는 무엇일까? 아마도 그중에 하나는 리더십일 것이다. 세상이 빠르게 바뀌고 복잡·다양해지는 상황을 돌파해 가야 하는 리더와 리더십의 요구가 높아지고 있다. 그 결과로 리더십에 대한 이론이 끊임없이 쏟아지고 있다. 리더십을 다루고 있는 책의 종류도 엄청나게 많다. 대형 서점에 가면 리더십 코너가 별도로 있을 정도다. 조직의 교육 주제로도 항상 빠지지 않는다. 어린이와 청소년에게도 리더십은 이미 중요한 주제다.

이렇게 리더십에 대한 정보는 쏟아지고 있지만 리더십이 무엇인지 명쾌하게 말할 수 있는 사람은 그리 많아 보이지 않는다. 오히려 정보의 홍수 속에서 리더십이 무엇인지를 아는 것은 점점 어려워지고 혼란스럽기만 하다. 잘못 접근하면 오히려 숲속에서 길을 잃은 신세가 되기 십상이다.

리더십이라 하면, 사람들은 먼저 카리스마를 떠올린다. 아마도 우리의 기억 속에 나폴레옹과 히틀러처럼 카리스마가 있었던 리더들이 주로 남아 있기 때문일 것이다. 하지만 곰곰이 따져 보면 카리스마가 있는 리더가 훌륭한 리더였다고 단정할 수 없다. 오히려 뛰어난 리더로 기억되는 사람 중에는 링컨과 처칠같이 전혀 카리스마가 없었던 이들이 더 많다. 그렇게 보면 리더십과 카리스마는 별 상관관계가 없다.

또한 대개 우리가 상상하는 리더들의 모습은 영화 속 주인공처럼 화려하다. 마치 전쟁터에서 적진을 향해 앞장서 돌진하는 용맹한 장수의 모습처럼 스펙터클하기까지 하다. 그러나 현실 속의 리더는 영웅의 모습이 아니다. 그들은 목표를 달성하기 위해 묵묵히 일하는 우리 주변의 보통 사람들이다. 그들의 실제 모습은 그다지 화려하지 않다. 오히려 평범하다 못해 아주 지루한 모습인 경우가 대부분이다. 실제로 목표를 달성하면 리더십이 있는 것이고 목표를 달성하지 못하면 리더십이 없는 것이다. 그러므로 리더십의 본질은 오직 목표를 달성하느냐 그렇지 못하느냐에 있을 뿐이다.

흔히 "그 사람은 리더십이 있어."라고 말한다. 하지만 그것은 잘못된 말이다. 목표 없는 리더십은 존재할 수 없다. 중요한 것은 리더십 자체가 아니다. '어떤 목표를 달성하기 위한 리더십'인지가 중요할 뿐이다. 2002년 월드컵에서 대한민국의 4강 신화를 창조한 히딩크는 축구 감독으로서는 분명 훌륭한 리더였다. 하지만 한 가족의 가장으로서는 훌륭한 리더가 아닐 수도 있다.

일찍부터 경영의 본질을 이야기해 온 피터 드러커는 현대인이 가지고 있는 리더십에 대한 편견을 지적하고 리더십의 본질을 일, 책임감, 그리고 신뢰라고 밝혔다. 그의 말대로 리더십의 첫 번째 본질은 '일'이다. 일이란 가치를 창출하기 위한 목표 달성 과정을 말한다. 리더십의 본질은 일을 잘하는 것, 즉 올바른 목표를 달성하는 것이다. 효과적인 리더는 조직의 사명과 성과에 공헌할 수 있는 올바른 목표를 설정한다. 올바른 리더와 그렇지 않은 리더를 구별하는 방법은 그들이 세운 목표를 보면 알 수 있다.

리더십의 두 번째 본질은 '책임'이다. 즉, 목표 달성에 대한 책임이다. 리더로서 올바른 목표를 설정하고 제시했다 하더라도 그것에 대한 책임을 스스로 지지 않고 누군가에게 전가한다면 리더십을 발휘할 수 없다. 리더의 책임은 의지의 표현이 아니라 목표를 달성하는 구체적인 방법으로 나타난다. 효과적인 리더의 궁극적인 과제는 함께 일하는 사람의 에너지와 비전을 창출하는 것이다.

어떤 리더가 분명한 목표를 제시하고 책임감 있는 모습도 보여준다고 해도 그가 실제 리더십을 발휘하려면 함께 일하는 사람들에게 신뢰를 얻어야만 가능하다. 만일 사람들이 리더를 믿지 못하는 상태에 있다면 리더십은 발휘될 수 없다. 말과 행동이 다르고 앞과 뒤가 다른 사람을 믿고 따라갈 사람은 없다. 이처럼 리더십의 세 번째 본질은 일관성에 기초를 둔 '신뢰'이다.

최근 리더십에 관한 이론이 너무 많아 좀처럼 중심을 세우고 갈피를 잡을 수가 없을 정도이다. 새로운 개념의 리더십을 공부하다 보면, 또 다른 개념이 등장한다. 올바른 목표를 제시하고 목표를 달성하는 효과적인 리더가 되기 위해서는 유행을 좇기보단 리더십의 본질에 충실해야 할 것이다. 그래야 숲속에서 길을 잃지 않을 수 있다.

리더십 점검

☐ 나는 누구의 리더인가?

☐ 나는 그들과 함께 달성해야 할 목표를 명확하게 설정하고 있는가?

☐ 나는 리더로서 목표 달성을 책임질 수 있는가?

☐ 그들은 리더인 나를 신뢰하는가?

☐ 효과적인 리더가 되기 위하여 개선해야 할 점은 무엇인가?

셀프 리더십은 시대정신이다

당신은 전문성을 바탕으로 주도적으로 일하고,
높은 성과로 조직에 공헌하며,
조직과 파트너 관계를 유지하는 프로페셔널입니까?
그리고 자신을 이끌어 가는 셀프 리더입니까?

사람들이 일상적으로 쓰고 있는 스킨십(Skinship)이라는 단어
는 영어 사전에 없는 말이다. 셀프 리더십(Self Leadership) 역시 마
찬가지이다. 우리가 의심 없이 쓰고 있는 말 가운데는 어원이 불
분명한 것들이 많다. 그런데도 많은 사람이 쓰고 있는 것은 사회
가 새로운 개념을 표현할 새로운 단어를 필요로 하기 때문이다.

셀프 리더십은 분명 리더십의 의미를 살려 만든 말이다. 리더
십이란 리더가 갖추어야 할 능력을 말하며 그 본질은 목표 달성
능력(Effectiveness)이다. 리더로서 사람들과 함께 조직의 목표를
달성하면 리더십, 즉 리더로서 능력이 있는 것이고 목표를 달성
하지 못하면 리더십이 없는 것이다. 이러한 리더십의 개념을 바
탕으로 보면 셀프 리더십은 자신의 목표를 달성하기 위해 자신

을 스스로 이끌어 가는 능력을 의미한다. 최근 조직의 변화 중한 가지는 셀프 리더십 교육이 많아졌다는 점이다. 셀프 리더십 프로그램의 내용은 다양하지만 대부분 인생의 꿈과 목표를 달성하기 위한 새로운 삶의 태도에 관한 것들이다. 구체적으로는 자기 인생에 대한 책임, 명확하고 구체적인 목표, 확고한 신념, 실천적 행동, 긍정적 자세, 생산적 습관 등이 셀프 리더십의 내용에 속한다. 이러한 주제들은 우리가 흔히 학교에서 배우지 않은 내용이지만 성공하는 인생을 위한 동기를 주기 때문에 교육생들의 관심이 매우 크다. 하지만 대부분의 셀프 리더십 교육은 알아 두면 좋은 것(nice to know) 수준에서 벗어나지 못하고 일과 삶에 실제 적용 가능성이 낮은 교육이 되고 만다. 기업에서 실시하는 셀프 리더십 교육 역시 직원들에게 왜 이러한 주제가 필요한지 그 목표와 효과가 분명하지 않기 때문에 방향성 없는 교육으로 끝나는 경우가 많다.

21세기에 셀프 리더십이 강조되는 이유는 일의 성질이 바뀌었기 때문이다. 지난 20세기 초, 조직에서 일하는 사람들은 대부분 육체노동자였다. 그들의 일터에는 해야 할 일과 방법이 이미 정해져 있었기 때문에 따로 목표를 세울 필요가 없었고 어떤 식으로 일을 추진할 것인지 고민할 필요도 없었다. 이런 고민은 소수 경영자의 몫이었다. 그러나 21세기 사회의 조직에서 일하는 사람들은 대부분 지식노동자이다. 지식노동자는 무슨 일을 할 것인지, 어떤 방식으로 할 것인지 고민하고 자신의 지식을 활용하며 일해야만 한다. 지식노동자가 가져야 할 목표는 조직에 공헌하는 높은 성과이다. 성과, 즉 성공적 결과는 단순히 오랜 시간 열심히 한다고 해서 얻을 수 있는 것이 아니다. 21세기의 주류 노동을 가리켜 '지식노동'이란 말을 최초로 사용한 사람은 피터 드러커이다. 그는 이렇게 말했다. "현대 조직에서 일하는 모든 지식노동자는 한 사람의 경영자이다."

지식노동자가 중심이 된 21세기 사회는 셀프 리더십의 시대다. 조직의 구성원은 모두 셀프 리더로서 시키는 일만 하던 과거의 육체노동자적 성향에서 벗어나 주도적인 자세로 일하고 높은 성과로 조직에 공헌하는 하이 퍼포머(High Performer)가 되어야만 한다. 지식노동자는 더 이상 돈을 받고 노동을 파는 종업원이 아니다. 그들은 다른 사람이나 조직이 아닌 자신을 위해 일하는 사람으로서 자기실현을 위해 조직과 파트너 관계를 맺는 새로운 형태의 노동자이다.

조직에서의 셀프 리더십은 업무 성과 향상을 위한 셀프 리더십이어야 한다. 지식노동자는 내가 조직에 공헌하기 위해 달성해야 할 성과와 목표가 무엇인지 질문하고 높은 성과를 내기 위해 자신이 가지고 있는 것을 어떻게 관리하고 생산적으로 활용할 것인가를 깊이 고민해야 한다. 셀프 리더십의 원리는 업무 성과 향상뿐 아니라 우리 삶의 목표 달성에도 그대로 적용할 수 있다. 그러므로 이제부터 조직 교육의 핵심 주제인 셀프 리더십은 높은 성과를 내는 사람의 셀프 리더십으로 그 의미를 명확히 할 필요가 있다. 셀프 리더십은 빠르게 변화하고 복잡해지는 사회를 잘 살기 위해 필요한 시대정신이다.

CHECK POINT

셀프 리더의 질문

☐ 내가 조직에 공헌하기 위해 달성해야 할 성과와 목표는 무엇인가?

☐ 높은 성과를 내기 위해 내가 가지고 있는 것들을 어떻게 관리하고 생산적으로 활용할 것인가?

1. 우리는 지식노동자다

지식 사회는 어떤 세상인가

우리는 농경 사회와 산업 사회를 지나 지식 사회에 살고 있습니다.
당신은 지식 사회가 어떤 세상인지 설명할 수 있습니까?

　　인간 사회는 농업 중심의 농경 사회에서 공업 중심의 산업 사회로 다시 지식 산업 중심의 지식 사회로 변화해 왔다. 이러한 사회 흐름의 변화는 그 사회의 총 부가가치를 만드는 산업의 비중에 따라 구분된다. 우리가 살고 있는 21세기 세상의 경제는 지식 산업을 빼고는 이야기할 수 없다. 그런데도 지식 사회가 어떤 사회이고 지식 사회의 가장 중요한 자원인 지식이 무엇인지에 대해 정확히 설명할 수 있는 사람은 많지 않아 보인다. 피터 드러커는 자신의 저서 『프로페셔널의 조건』에서 지식 적용의 역사를 통해 세상 변화의 흐름을 설명하는 통찰력을 보여 준다.

　　고대 사회에서 지식이란 '너 자신을 알라.'는 소크라테스의 말대로 지적, 도덕적, 정신적 성장에 관련된 것, 즉 세상의 이치를 깨닫는 데 도움이 되는 정보를 의미했다. 또는 그리스의 수학자인 프로타고라스의 말처럼 지식이란 무엇을 어떻게 말해야 하는지 아는 데 필요한 정보를 가리키기도 했다. 이것은 도교와 유교가 태어난 고대 동양 사회에서도 마찬가지였다. 이처럼 지식의 역사는 인간의 내면에 적용하는 단계에서부터 출발했다. 고대 사회에서 지식은 무언가를 실행할 수 있는 것을 의미하지는 않았다. 항해술이나 도자기를 굽는 기술 등은 지식이 아니라 하나의 기능으로만 인식됐다.

이후 오랜 시간을 거치면서 고대 지식인들이 크게 중시하지 않았던 기능에 지식이 적용되기 시작했다. 도제 제도에 의해서만 습득할 수 있었던 장인들만의 비밀스러운 기능이 공개적으로 정리되기 시작했다. 이렇게 기능(Techne)과 지식(Logy)이 결합함으로써 기술(Technology)이 탄생하게 되었다. 18세기 중반 이후 기술은 혁신적으로 발전하기 시작했고 그 흐름은 산업 혁명으로 이어졌다. 도구와 제조 공정 그리고 제품에 적용된 지식은 대량 생산 시설인 공장과 대규모 자본가를 등장시켰고 자본가 중심의 사회로 전환되면서 자본가와 노동자 사이에 갈등이 생겨났다. 이러한 문제는 결과적으로 칼 마르크스에 의한 사회주의 이념의 탄

생으로 이어진다. 한편, 자본가와 노동자 간의 심각한 반목과 사회적 갈등 문제를 해결하고자 했던 또 한 사람은 시간 연구와 동작 연구로 잘 알려진 미국의 프레드릭 테일러이다. 1881년, 테일러는 지식을 인간의 노동과 작업에 적용하는 연구를 통해 작업을 과학화한다. 그의 노력은 자본가와 노동자 모두에게서 저항을 받았지만, 누구도 막을 수 없는 큰 흐름을 만들어 내는 데 성공한다. 테일러의 과학적 관리법은 노동 생산성을 혁신적으로 끌어올렸고 세계 경제의 성장과 노동자들의 생활 수준을 크게 향상시키는 데 기여한다.

지식을 인간의 작업에 적용함으로써 만들어진 노동 생산성은 제2차 세계 대전 직후부터 더 이상의 부를 창출하지 못하는 한계를 드러낸다. 그럼에도 세계 경제가 눈부신 성장을 거듭해 온 것은 지식 생산성의 결과라고 할 수 있다. 기존의 지식을 더욱 효과적으로 만들기 위한 노력(문제 해결 방법의 혁신), 즉 지식에 지식을 적용함으로써 지식 자원을 활용해 성과를 내는 경영 생산성이 만들어진 것이다. 이렇게 지식과 지식이 결합하여 경영 혁명을 일으키자 새로운 가치가 창조되고 경영 생산성은 크게 높아져 갔다.

어떤 사실에 대하여 나만 모르고 있는 것 같아 조심스레 물어보면 다른 사람들도 잘 모르는 경우가 종종 있다. 이미 지식 사회에 들어선 지 오래지만 아직도 많은 사람이 지식 사회에 대해 잘 모르고 있는 것 같다. 자신에게 주어진 삶을 잘 살기 위해서는 자신을 아는 것과 더불어 자신이 사는 세상도 잘 알아야 한다.

CHECK POINT

지식 적용의 역사

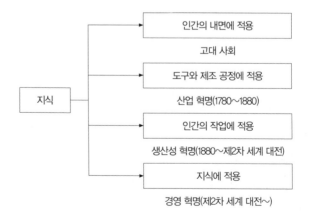

누가 지식인인가

지식 사회의 지식인은 학력이나 학위와는 무관하게
전문화된 지식과 정보를 가지고 성과를 내는 사람을 의미합니다.
당신은 지식 사회의 지식인 그룹에 속한다고 자부할 수 있습니까?

'지식인'이라고 하면 왠지 특별한 사람인 것 같다. 그러나 따지고 보면 지식인이 아닌 사람은 없다. 다만 그 사람이 소유한 지식의 양과 질에서 차이가 날 뿐이다. 현대 지식 사회가 요구하는 지식인은 어떤 사람을 말하는 것일까?

전통적으로 지식인이란 교육을 받은 사람을 뜻하는 말로 두루 넓게 아는 교양인을 의미했다. 그래서 교양인이란 자신이 알고 있는 것을 문자로 표현하고 다른 사람에게 말로 설명할 수 있을 만큼 충분한 이해를 지닌 사람으로 비쳐졌다. 그러나 이해가 깊어 보인다고 해도 그 일을 실제 수행할 수 있을 만큼 철저히 알지 못하는 경우도 많았다. 물론 알고 있는 모든 것을 실행할 수 있어야 하는 것은 아니다. 하지만 어느 것 하나도 제대로 수행하지 못하고 결과를 만들거나 문제를 해결할 수 없다면 그것은 죽은 지식의 소유자다.

사회적 지위가 높은 사람들은 상호 교류를 위한 모임에 참석할 기회가 많다. 한참 모임이 진행되고 있는데 모임 장소의 화장실 변기가 막히는 사고가 생겼다고 가정해 보자. 참석자들 모두에게 낭패스러운 일이 아닐 수 없다. 그렇다고 해서 누가 나서서 문제를 해결할 수도 없다. 그 문제를 가장 잘 해결할 수 있는 사람은 배관에 대한 전문적 지식과 경험 그리고 도구를 갖춘 배관공이다.

일반적으로 배관공이 그 모임의 초대 손님이 될 가능성은 낮지만 위와 같은 상황에선 반드시 필요한 사람이 된다. 지식 사회의 지식인은 전문화된 지식과 정보를 갖고 성과를 창출하는 사람이다. 우리는 이러한 사람들을 과거의 지식인과 구별하여 전문가라고 부른다. 이들은 전문화된 지식으로 무장한 사람들로서 현대 사회가 요구하는 성과를 내고 우리 사회를 지탱하는 지식인들이다. 피터 드러커는 "우리가 지식이라고 말할 때, 그것이 의미하는 것은 행동하는 데 효과가 있는 정보이고 결과에 초점을 맞춘 정보이다. 어떤 일을 성취해 내기 위해 필요한 지식은 고도로 전문화된 지식이다."라고 말했다.

요즘에는 누구나 프로 스포츠를 일상적으로 즐긴다. 스포츠 관객들은 자신이 응원하는 팀은 물론 프로 스포츠 구단의 조직에 대한 이해가 높은 편이다. 프로 스포츠 구단은 그 분야의 최고 선수들만 모아 놓은 곳이며 그중에서도 최고의 실력자만이 경기에서 뛸 수 있다. 이렇게 최고의 전문가들로 구성된 프로 스포츠 구단은 지식 사회에서 기능하는 조직의 본질을 그대로 보여 준다. 피터 드러커의 말처럼 조직은 고도로 전문화된 기술을 갖춘 사람들로 구성된다. 결론적으로 자신의 분야에서 조직 내 다른 어떤 사람보다 더 전문적이지 않으면 근본적으로 쓸모없는 존재가 된다.

만약 당신이 지금 특허 관련 소송이 필요한 사람이라고 하자. 당연히 당신을 변호해 줄 변호사가 필요할 것이다. 일반 변호사, 개인 사무실을 운영하는 특허 전문 변호사, 특허 전문 법률 회사의 전문 변호사 중에서 당신은 누구에게 일을 맡기고 싶은가? 누구라도 최고 수준의 전문 변호사를 선택할 것이다. 그래서 시장은 점점 조직을 전문화하고 있다.

그렇다면 나는 어떤 지식인인가 질문해 보자. 그 질문은 내가 소속한 조직에 공헌할 수 있는지, 나를 요구하는 조직이 있을 것인지에 대한 답을 줄 것이다.

CHECK POINT

21세기 지식인

산업 사회 지식인	지식 사회 지식인
− 일반적 지식을 많이 가지고 있는 사람 (두루 넓게 아는 교양인) − 어떤 것에 대하여 글로 쓰고 말로 설명할 수 있음 − 그 일을 수행할 수 있을 만큼은 알지 못함	− 지식을 이해하는 것을 넘어 적용할 수 있는 것으로 인식하는 사람 − 고도로 전문화된 지식과 정보를 가지고 성과를 창출함 − 실제 세계의 문제를 해결할 수 있음

목표는 효과적인 지식노동자다

육체노동자, 육체노동자 성향의 지식노동자, 평균적인 지식노동자,
효과적인 지식노동자 중 당신은 어디에 속합니까?

지식노동자(Knowledge Worker)라는 용어와 개념은 현대 경영학의 아버지 피터 드러커가 1959년에 출간한 『내일의 이정표 *Landmarks of tomorrow*』에 처음 등장한다. 지식노동자란 말 그대로 지식을 활용해서 일하는 사람이다. 반대로 지식노동자의 상대 개념인 육체노동자는 자신의 육체, 즉 근육의 힘으로 일하는 사람을 가리킨다.

농경 사회에는 다수의 사람이 농업에 종사했기 때문에 농사를 짓는 노동자가 대다수였다. 산업 사회에는 일부 관리자 계층을 제외하면 공장에서 일하며 노동력을 제공하는 육체노동자가 대다수였다. 그러다 지식경제 시대에 들어서면서부터 근육이 아닌 지식을 사용해서 생산성을 올리고, 질적인 목표를 달성해야

하는 지식노동자가 부가가치 창출의 최대 세력이 되었다. 육체노동자와 비교한 지식노동자의 특징은 다음과 같다.

육체노동자는 근육의 힘으로 일하는 사람이다. 그들은 생각 없이 주어진 일을 정해진 대로 하면 된다. 반면에 지식노동자는 지식을 활용하여 요구되는 성과를 내는 사람이다. 그들은 '무엇을 할 것인가?', '어떻게 할 것인가?'를 끊임없이 생각하면서 일한다. 지식노동자는 생각하는 것이 일의 시작이다.

육체노동자에게 필요한 것은 근육의 힘과 시키는 일을 시키는 대로 할 수 있는 능력이다. 반면에 지식노동자에게 필요한 것은 올바른 일을 하는 능력이다. 지식노동자는 '어떤 목표를 달성해야 하는가?'라는 질문에 대해 올바른 결정을 해야 한다. 육체노동자들의 능력 차이는 눈에 보일 정도로 크지 않다. 반면에 지식노동자들의 능력 차이는 눈에 보이지는 않지만 천차만별이다. 능력의 차이는 시간당 차등이 있는 급여로 이어지는 게 보편적인 현상이 되었다. 언젠가부터 같은 시간 일해도 급여가 같지 않은 세상이 되었다.

육체노동자의 목표는 1시간에 상품 10개를 만드는 양적인 목표가 될 수 있다. 여기에 더해 일하는 방법을 개선하여 상품 12

개를 만들어 내는 능률이 중요하다. 그러므로 그들의 노동에 대한 평가 기준 역시 산출물의 양 또는 질이 될 수 있다. 반면에 지식노동자의 목표는 효과성이다. 지식노동자는 고객이 만족할 수 있는 성과를 내야 한다. 지식노동자의 성과는 단순히 해야 할 일을 하는 것이 아니라, 높은 수준에서 목표를 달성하는 것이다. 지식노동자는 한정된 시간 속에서 더 높은 성과를 내야 하며, 이를 위해서는 무엇보다 혁신이 필요하다. 지식노동자의 존재 가치는 조직의 성과에 얼마나 기여하는가, 즉 목표 달성 능력으로 평가된다.

육체노동자는 시킨 일을 하는지 안 하는지를 감독할 수 있지만 지식노동자의 일은 직접적으로 감독할 수는 없다. 단지 도움을 줄 수 있을 뿐이다. 지식노동자의 상사는 팀원에게 시킨 일을 감독하는 역할이 아니라 팀원이 최대한 높은 수준에서 목표를 달성할 수 있도록 지원해 주는 역할을 해야 한다.

대부분의 시간 동안 육체를 움직이면서 일하는 사람들은 '과연 나는 지식노동자일까?'라는 의문을 가질 수 있다. 하지만 단지 육체를 쓰고 있다고 해서 육체노동자는 아니다. 따지고 보면 몸을 쓰지 않고 일하는 사람은 없다. 오랜 시간 수술해야 하는 외과 의사는 몸을 많이 쓰지만 오히려 높은 수준의 지식노동자이다. 육체노동자와 지식노동자를 구분하는 기준은 자신이 만들어 내는 결과물의 원천이 근육인지 아니면 전문적 지식인지이다.

21세기 조직에서 일하는 사람 가운데 순수한 육체노동자는 찾아보기 어렵다. 그런데 여전히 육체노동자의 성향에서 벗어나지 못한 사람, 즉 시키는 일만 하고 정해진 시간만 때우면서 일하는 수동적인 지식노동자는 여전히 존재하고 있다.

지식 사회를 성공적으로 살기 위해 가장 먼저 해야 할 일은 스스로가 지식노동자임을 명확하게 인식하고 효과적인 지식노동자가 되기 위해서 무엇을 해야 할지에 대한 올바른 답을 찾는 것이다.

육체노동자와 지식노동자

구분	육체노동자	지식노동자
정의	근육의 힘으로 일하는 사람	지식을 활용하여 일하는 사람
능력	주어진 일을 올바르게 할 수 있는 능력	올바른 목표를 세우고 달성하는 능력
목표	양적 결과(능률이 중요)	질적 결과(혁신이 중요)
평가	결과물의 양과 질을 기준으로 평가	조직의 목표 달성에 기여한 정도로 평가
상사	지시하고 감독하는 사람	목표 달성을 지원하는 사람

답은 지식노동자의 생산성이다

과학적 관리법을 통해 육체노동자의 생산성을 올리고,
노동자들의 수입 증대와 삶의 질 향상에 공헌한 사람이
누구인지 아십니까?

칼 마르크스(Karl Marx, 1818~1883)를 모르는 사람은 거의 없지
만, 프레드릭 테일러(Frederick W. Taylor, 1856~1915)를 모르는 사람
은 많아 보인다. 테일러는 산업화 시기에 공장 노동자들의 동작
및 시간, 즉 작업을 연구하여 과학적 관리법을 만들어 낸 사람이
다. 그런데 테일러를 알고 있는 사람들 상당수는 그가 인간을 지
나치게 도구화시켰다며 부정적으로 평가한다. 이처럼 테일러는
그를 아는 소수의 사람에게도 부정적 이미지로만 남아 있다. 그
러나 테일러에 대한 평가는 지나치게 왜곡되고 과소평가된 면이
있다. 테일러에 관해 깊이 있게 연구한 피터 드러커는 "현대 사회
를 창조한 인물로 찰스 다윈, 지그문트 프로이트, 칼 마르크스를
언급한다. 그러나 세상에 정의라는 게 있다면 마르크스 대신에

그 자리에 테일러를 앉혀야 한다."라고 말한 바 있다.

마르크스는 산업 혁명 이후 자본가의 노동자 착취에 대해 집중적으로 연구했고 그 결과로 만들어진 책 『자본론*Das Kapital, Kritik der politischen Öeconomie*』은 사회 변화에 막대한 영향을 미쳤다. 그러나 '자본주의는 스스로 힘에 부쳐 무너질 것이다.'라는 그의 주장은 실패로 끝났다. 한편, 미국의 유복한 가정에서 출생한 테일러는 시력이 좋지 않아 하버드 대학 입학을 포기하고 공장에 들어가 관리자가 되었다. 그때 테일러는 마르크스처럼 자본가와 노동자의 심각한 반목과 갈등을 목격한다. 이 문제를 해결할 수 있는 방법은 노동자들의 작업 생산성을 올리는 것이라고 생각한 테일러는 관련 연구에 전념했고 그 결과로 태어난 것이 바로 과학적 관리법이다.

테일러의 연구는 순탄하지만은 않았다. 연구 과정에서 자본가와 노동자 모두에게 큰 저항을 받았기 때문이다. 하지만 그의 주장은 틀리지 않았다. 테일러의 과학적 관리법을 적용한 결과 20세기 말 노동 생산성은 50배까지 향상되었고 그 성과는 노동자들의 수입 증대와 삶의 질 향상으로 이어졌다. 또한 과학적 관리법은 대부분 국가 경제 발전의 원동력이 되었다. 전쟁으로 폐허가 된 대한민국이 짧은 시간에 초고속 성장을 이룰 수 있었던 것도 바로 테일러의 과학적 관리법을 성공적으로 적용시킨 결과였다. 테일러 덕분에 보통 사람들의 생활 수준이 매우 높아진 것은 사실이다. 하지만 더 이상 테일러리즘은 유효하지 않다. 사회는 점점 복잡해졌고 양극화도 심해졌다. 그 결과 많은 사람이 경제적인 어려움을 겪고 있다. 경제적 양극화가 심각해진 이유는 많은 나라가 생산성의 한계가 없는 지식 자원을 기반으로 하는 지식 사회로 변화되었기 때문이다.

이러한 사회 현상에 대해 깊이 통찰한 피터 드러커는 현대 사회의 문제에 대한 해결책을 제시했다. 테일러의 시대에는 절대다수였던 육체노동자의 생산성을 올리기 위한 노력이 주효했지만, 현대 사회에서 일하는 사람은 대부분 지식을 활용하여 일하는 지식노동자이기 때문에 지식노동자의 생산성을 올리는 것이 그 해결책이다. 과거 육체노동자의 생산성은 작업 연구를 통해 능률적 작업 시스템을 설계하는 방식으로 개선할 수 있었다. 그러나 지식노동자의 생산성을 올리기 위해서는 개개인 스스로 업무 목표 달성을 위해 무엇을 어떻게 해야 하는지를 판단하고 책임져야만 한다. 또한 높은 성과를 내기 위해서는 자신이 소유한 모든 자원을 생산적으로 활용하고 지속적 혁신을 위해 학습해야만 한다. 이것이 피터 드러커가 제시한 지식노동자 생산성 향상의 핵심이다.

마르크스는 틀렸고 테일러의 영향력은 다했다. 이제 지식노동자의 생산성 향상에 초점을 맞추어야 한다.

CHECK POINT

마르크스와 테일러

칼 마르크스(Karl Marx)	프레드릭 테일러(Frederick W. Taylor)
– 1818년~1883년 – 『자본론』 저술 – 자본주의는 스스로 힘에 부쳐 무너질 것이다.	– 1856년~1915년 – 과학적 관리법 연구 – 노동 생산성은 노동자에게 유익할 것이다.

지식 사회는 전문가를 원한다

지식 사회는 곧 전문화된 지식이 핵심 자원인 사회를 말합니다.
당신은 전문화된 조직의 구성원으로서
성과를 낼 수 있는 전문가입니까?

중세 사회는 다원화된 사회였다. 당시에는 봉건 영주, 기사, 수도원, 자유 도시 등 수백 개의 권력 중심점이 자율적이고 상호 경쟁적으로 존재했다. 이후 근대화 과정을 거치면서 권력의 중심은 군주로 그다음에는 국가로 통합되고 19세기 중반부터는 모든 선진국이 중앙 집권 국가가 되었다. 그러다 사회가 다시 다원화되기 시작했다. 국가가 사회 구성원의 모든 요구를 충족시키는 것이 불가능해지자 현대 사회의 다양한 요구를 충족시킬 수 있는 새로운 조직들이 하나둘 출현했기 때문이다. 각각의 조직은 자율권을 가지게 됐고 사회는 기능적으로 다원화되기 시작했다.

피터 드러커는 이러한 사회 변화의 흐름을 정리하면서 "하나의 조직은 그 사회의 요구를 충족시키는 하나의 도구이다."라고 정의하였다. 그러므로 조직은 목적 지향으로 구성되어 있고 항상 전문화되어 있어야 한다. 전문적이어야만 조직은 사회에 기여하고 결과적으로 사회와의 관계에서 균형을 이룰 수 있다. 영리 조직이든 비영리 조직이든 조직이 사회가 요구하는 기능을 전문적으로 수행하지 못하면, 즉 고객이 요구하는 수준의 제품 또는 서비스를 제공하지 못하면 그 조직은 존립할 수가 없다.

사회의 요구를 충족시킬 수 있는 전문화된 조직이 되기 위해서 조직은 전문적 지식을 가진 사람들로 구성돼야 한다. 그래서 조직들은 언제나 핵심 자원, 즉 전문적인 지식과 기술을 갖춘 유능한 사람을 확보하기 위해 경쟁하고 있다. 그렇지 않으면 조직은 사회가 요구하는 성과를 낼 수 없다. 월드 클래스로 인정받는 축구 선수는 최고의 기량을 바탕으로 조직에 공헌하고 있는 최고 수준의 프로페셔널이다. 또한 그의 소속팀은 최고의 전문가들로 구성된 최고의 축구팀이다. 이처럼 전문적 조직이 아니면 최고 수준의 축구 경기를 즐기고자 하는 사람, 즉 고객을 만족시킬 수 없다.

사전적 정의로 프로페셔널(Professional)의 의미는 전문적인 직업인을 뜻한다. 우리 사회에서 흔히 쓰는 표현 중 하나가 '대충'이라는 말이다. 하지만 대충은 전문화된 지식 사회에서 가장 위험한 태도이다. 예를 들어 애플리케이션(Application) 개발자의 지식이 대충 아는 수준이면 별 쓸모가 없다. 애플리케이션을 만들 수 있는 아주 전문적인 지식이 있어야 질 높은 결과물을 만들 수 있고 최종적으로 고객을 만족시킬 수 있다. 이제 일반적 지식으로는 더 이상 성과를 낼 수 없는 사회가 되었다. 따라서 우리가 사는 지식 사회는 어떤 일에서 가치 있는 결과를 만들 수 있는 전문화된 지식을 요구한다.

그러나 전문적인 지식이 있다고 해서 즉각 성공적인 결과를 얻을 수 있는 것은 아니다. 자신의 분야에서 전문성을 바탕으로 조직에 기여하는 성과를 낼 때 비로소 진정한 프로페셔널이 되는 것이다. 프로페셔널이 된다는 것은 조직과 사회가 요구하는 역할을 하는 것이며 그에 대한 보상이 따른다. 결국 프로페셔널이 된다는 것은 자신과 자신이 속한 조직에 공헌하는 것이고 나아가 사회에 기여하는 것이다. 국가 재난 상황에 발 벗고 나서서 봉사하는 것도 애국이고 자신의 분야에서 전문가적으로 일하는 것 역시 애국이다. 우리 사회에 꼭 필요한 사람이 되자. Be a professional!

사회와 조직, 조직과 프로페셔널

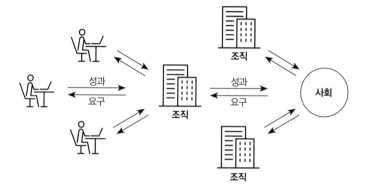

효과적으로 일하는 방법을
알아야 한다

빠르게 변화하는 시대를 살아가는 사람으로서 우리가 속한 조직과
사회에 공헌하고 지식 사회를 성공적으로 살아가기 위해서는
무엇을 알아야 할까요?

일제 강점기는 현대 한국인에게 아득히 먼 과거의 시간이다.
그럼에도 우리의 삶 속에는 여전히 그 잔재가 남아 있다. 일제가
강점했던 기간보다 더 많은 시간이 지났지만 일제 강점기는 여전
히 한국인의 생각과 말과 행동에 큰 영향을 미치고 있다. 과거
에 한번 만들어진 관습이나 문화가 현재에 미치는 영향은 생각
보다 크고 오래간다.

산업 사회 역시 그 막을 내렸다. 그런데 아직 사회 전반에 걸쳐
산업 사회의 요소가 뿌리 깊게 남아 있다. 특히 심각한 것은 지
식 사회를 살아가고 있는 사람들의 머릿속에 남아 있는 산업 사
회 시대의 의식이다. '60세가 되면 조직과 일에서 은퇴해야 한다.'
라는 생각은 육체적 힘이 소진되면 은퇴해야 했던 산업 사회 시

대에 통하던 공식이었다. 그러나 지식 사회는 지식 사회의 패러다임에 맞는 행동 양식을 강하게 요구하고 있다.

물론 사회 변화에 따른 의식 혁신은 이미 사회적 이슈가 된 지 오래다. 언젠가부터 변화하는 시대를 사는 방법을 주제로 한 책이 쏟아지기 시작했고, 많은 교육 프로그램에서 변화와 혁신을 주제로 한 강좌가 빠지지 않고 있다. 그러나 이러한 줄기찬 노력에도 불구하고 변화하는 시대가 요구하는 의식 전환의 결과는 회의적이다. 아직도 많은 사람이 그저 산업 사회의 다음 사회가 '정보화 사회' 또는 '지식 사회'라는 정도의 인식에 그치고 있다. '왜 지식 사회인가?', '지식경제에서 자원으로서 지식은 무엇인가?', '지식 사회에는 어떻게 일하고, 어떻게 살아야 하는가?' 등에 답을 할 수 있는 사람은 그리 많아 보이지 않는다.

지식 사회를 성공적으로 살아가기 위해서는 사회 변화의 흐름과 핵심 자원으로서 지식의 본질을 이해해야 한다. 그리고 지식노동자로서 정체성을 인식하고 효과적인 지식노동자가 되는 방법, 즉 높은 성과를 내기 위해 더 현명하게 일하는(working smarter) 방법을 배우고 익혀야 한다. 그래야만 지식 사회에서 어떻게 일하고, 살아가야 하는가에 대한 답을 찾을 수 있다.

지식 사회와 지식노동자의 개념을 정립한 피터 드러커는 "20세기에는 기업이 보유한 가장 가치 있는 자산이 그 회사의 생산 시설이었다면 21세기 조직이 보유하고 있는 가장 가치 있는 자산은 그 조직의 지식노동자 그리고 그들의 생산성이다. 지식노동자의 생산성 향상은 이제 조직과 개인 모두에게 가장 중요한 과제가 됐다. 이제 조직의 교육은 지식노동자의 생산성 향상에 초점을 맞추어야 하며 지식노동자로서 무엇을 알아야 할지 그리고 어떻게 해야 할지 분명하게 제시해 주어야 한다. 세계 경제의 주도권은 지식노동자의 생산성을 성공적으로 향상한 국가와 기업으로 이동할 것이다."라고 하였다.

　　21세기 조직의 분명한 교육 목표는 현명하게 일하고 높은 성과를 내는 효과적인 지식노동자의 양성이다. 지식노동자의 생산성 향상에 초점을 맞추는 노력은 개인이 조직에 공헌하게 하는 일이며 나아가서는 경제의 경계가 없어진 지구촌 시대의 국가 경쟁력 향상에 기여하는 일이다.

21세기 조직의 교육 목표

☐ 과거 사회 패러다임 버리기

☐ 지식 사회가 요구하는 패러다임 갖기

☐ 높은 수준의 분야별 전문가 키우기

☐ 스마트하게 일하는 방법 배우고 익히기

☐ 함께 일할 수 있는 팀워크 역량 기르기

2. 지식노동자의 7가지 역량

『프로페셔널의 조건』을 만나다

21세기 지식 사회에서 일하는 사람은
자신이 속한 조직에서 일하는 이유와 효과적으로 일하는 방법을
터득하고 있어야 합니다. 당신은 알고 있습니까?

살다 보면 인생을 바꿀 만한 사건을 몇 번 만나게 된다. 나의 경우는 피터 드러커의 저서 『프로페셔널의 조건』을 만나게 된 것이 그중 하나이다. 주어진 삶을 어떻게 살아야 할 것인가에 대해 고민을 많이 해 왔지만 뚜렷한 답을 찾지 못한 나에게 『프로페셔널의 조건』은 한 줄기 빛이었다. 이 책을 통해 그동안 그저 막연하게 알고 있었던 사회 변화의 흐름과 핵심 자원으로서 지식의 의미를 이해하고 정리할 수 있었다. 그리고 '지식을 활용해서 일하는 지식노동자로서 어떻게 생산적으로 일할 수 있을까?'라는 다소 추상적인 질문에 대한 구체적인 답도 얻을 수 있었다.

『프로페셔널의 조건_The Essential Drucker on Individual_』은 피터 드러커의 저서와 논문들 가운데 지식과 지식노동자 개인에 관한 부분

만 따로 모아 정리한 책으로 우리나라에서는 2001년도에 출판되었다.

『프로페셔널의 조건』은 총 5부로 구성되어 있다. 「제1부 새로운 사회의 거대한 변화」에서는 전통적 자본주의와는 다른 새로운 사회, 즉 자본주의 이후의 사회를 예견하며 지금은 새로운 사회 시스템으로 변해가는 대전환기라고 설명한다. 피터 드러커는 미래 사회가 어떤 모습인지는 도무지 알 수 없지만 한 가지 확실한 것은 새로운 사회는 지식이 핵심 자원이 되는 지식경제 사회가 될 것이라고 확언한다. 「제2부 지식노동과 지식노동자의 생산성」에서는 지식노동의 개념과 지식노동자의 생산성 향상 방법을 설명한다. 피터 드러커는 지식노동자가 높은 성과를 내는 방법은 지식을 성과로 연계시키는 체계적 작업, 즉 목표 달성 능력을 갖추는 것이라고 말한다. 「제3부 프로페셔널의 자기 관리」에서는 변화하는 시대에 낙오하지 않고 일과 삶에서 모두 효과적인 사람이 되기 위한 자기 관리 방법을 제시하고 있다. 지식노동자는 업무 특성상 늘 시간이 부족하므로 시간을 잘 관리하고 중요한 일에 집중해야 하며 자신의 강점이 높은 성과로 이어지도록 해야 한다고 말한다. 「제4부 프로페셔널을 위한 기초 지식」에서는 효과적인 지식노동자가 되기 위한 기초 지식으로서 의사결정 방법, 커뮤니케이션 방법, 리더십의 본질, 혁신의 원리 등을 정리하고 있다. 「제5부 자기실현을 향한 도전」에서는 인간 수명의 연장과 그에 따라 노동 수명이 늘어나는 시대를 어떻게 준비할 것인가에 대한 방법을 제시하고 있다.

『프로페셔널의 조건』은 한마디로 지식노동자로서 자신이 속한 조직에서 어떻게 일하고 또 자기 자신을 어떻게 스스로 관리해야 하는지 알려 줌으로써 21세기를 성공적으로 사는 지혜를 주는 책이다. 책의 저자인 피터 드러커는 경영학의 계보 맨 위에 있는 경영학의 구루(Guru: 어떤 분야의 전문가, 권위자)로 평가받고 있는 시대의 거장이며 2005년 11월 11일 95세로 생애를 마치기 전까지 열정적인 활동을 계속해 지식노동자가 언제까지 일할 수 있는지를 스스로 보여 주었다.

나는 이 책을 접하면서부터 피터 드러커의 메시지를 사람들에게 효과적으로 전달해야겠다는 사명감을 가슴에 품게 되었고, 먼 훗날에 '피터 드러커의 자기 관리 메시지를 효과적으로 전달하고 현대 사회를 사는 사람들의 효과적 삶에 기여한 사람'으로 기억되길 소망하게 되었다. 어느덧 책의 모서리가 닳고 표지가 해진『프로페셔널의 조건』을 보면서 작은 힘이지만 지식 사회를 사는 사람들이 기쁘게 일하고 자신이 해 놓은 일에 기뻐하는 행복한 삶에 공헌하겠다는 사명을 다짐한다.

CHECK POINT

『프로페셔널의 조건』의 구성

제1부. 새로운 사회의 거대한 변화
제2부. 지식노동과 지식노동자의 생산성
제3부. 프로페셔널의 자기 관리
제4부. 프로페셔널을 위한 기초 지식
제5부. 자기실현을 향한 도전

몸값을 올리자

만일 당신이 프로 스포츠 선수처럼
지금 소속한 회사를 떠나 자유 계약 선수(FA)가 된다면,
어느 정도의 연봉을 받을 수 있다고 생각하십니까?

몸값이란 말의 의미 변화는 시대 변화의 흐름을 단적으로 나타낸다. 과거에는 몸값이란 말을 함부로 쓰지 않았다. 그 말은 불경스러운 말이었고 그저 유괴범이나 인신매매단 같은 사람들과 어울리는 단어였다. 하지만 지금은 너무나 자연스럽게 쓰는 용어이다. '몸값이 높은 사람'이란 말이 최고의 칭찬이 된 사회에서 실제로 많은 사람이 자신의 몸값을 높이기 위해 눈물 나게 노력하고 있다.

언뜻 '몸값을 올리기 위해 노력한다.'라는 것은 속물적인 느낌을 주기도 한다. 하지만 다른 관점에서 보면 사회를 발전시키기 위한 훌륭한 목표이기도 하다. 우선 몸값이 올라간다는 것은 대우가 올라간다는 이야기이므로 개인이 원하는 경제적 풍요를 누

릴 수 있다. 하지만 높은 대우는 결과일 뿐이다. 세상에 누가 아무 대가 없이 돈을 주겠는가? 높은 몸값은 그가 속한 조직에 그만큼 공헌했다는 뜻이 된다. 그러므로 몸값이라는 단어는 많은 것을 설명하는 지표가 되기도 한다. 그렇다면 당신의 몸값은 과연 얼마나 될까?

몸값이라고 하면 지금 다니고 있는 직장에서 받는 연봉을 떠올릴 수 있다. 하지만 연봉이 몸값은 아니다. 오히려 현재의 직장을 당장 그만두었을 때 내가 다시 창출할 수 있는 연봉이 진짜 몸값이다. G 그룹의 회장은 "우리 회사의 총가치는 우리 직원들이 회사를 그만두고 나갔을 때 외부 노동 시장에서 받을 수 있는 총연봉의 현재 가치와 같다."라고 말한 바 있다.

프로 스포츠 시즌이 끝나면 FA(Free Agent) 시장이 형성된다. 즉, 소속 구단과 계약이 끝나 자유 계약을 할 수 있는 선수들이 새로운 구단과 계약을 맺는다. 스타급 선수들이 최고의 몸값을 받게 될 때마다 언론의 톱뉴스가 된다. 하지만 그것은 일부 선수의 이야기이고, 어떤 선수들에게는 오히려 무덤이 되기도 한다. 계약을 희망하는 구단을 만나지 못하면 선수 생활을 마쳐야 하기 때문이다. 당신이 지금 자유 계약 선수라고 가정해 보라. 당신이 원하는 몸값에 새로운 계약을 할 수 있다고 자신하는가? 만약 더 좋은 조건과 연봉을 협상할 자신이 있다면 당신은 일단 자기경영에 성공했다고 말할 수 있다. 그러나 반대로 자신이 없다면 문제가 있는 것이다. 현재 자신의 상황을 알고 싶다면 다음의 프로페셔널 레벨 테스트가 도움이 될 것이다.

CHECK POINT─────────────────────────────

프로페셔널 레벨 테스트

1. 지금 하는 일은 나 아니라도 누구든지 할 수 있다. (Yes, No)

2. 지난해와 비교해서 업무 성과가 달라진 것이 없다. (Yes, No)

3. 회식 자리 참여를 즐긴다. (Yes, No)

4. 연봉제보다는 과거의 연공서열에 의한 방식이 좋다. (Yes, No)

5. 내가 생각하는 아이디어를 효과적으로 설명하지 못한다. (Yes, No)

6. 나는 남들에 비해 차별화된 능력(핵심 역량)이 없다. (Yes, No)

7. 바빠서 자기계발할 시간이 없다. (Yes, No)

8. 건강 관리를 잘하지 못한다. (Yes, No)

9. 과거에 비해 일에 대한 열정이 부족해진 것 같다. (Yes, No)

10. 솔직히 나는 평생 헌신할 인생 비전이 없다. (Yes, No)

먼저, Yes의 숫자가 몇 개인지를 확인하라. 일반적으로 Yes는 긍정적인 표현이지만 이 검사에서는 부정적인 것을 의미한다. 즉, Yes 숫자가 적으면 적을수록 당신은 프로페셔널로서의 수준이 높은 것이다. 즉 Yes 숫자가 1개 이하이면 이미 높은 수준의 프로페셔널이라 할 수 있다. Yes 숫자가 2~4개이면 지금의 페이스로 꾸준히 노력하면 현재의 몸값을 유지할 수 있다. Yes 숫자가 5~6개이면 언제라도 어려워질 수 있는 수준이다. Yes 숫자가 7~8개이면 옐로카드에 해당한다. 빨리 새로운 도전을 시도해야 할 때이다. 끝으로 Yes 숫자가 9~10개이면 레드카드 수준이며 현재 기대할 것이 없는 상황이라고 할 수 있다.

물론 위의 테스트 문항만 가지고 다양한 환경 속에서 일하는 사람들의 수준을 다 결정지을 수는 없다. 그러므로 진단 결과를 그대로 받아들일 필요는 없다. 자신이 어느 수준의 프로페셔널인가를 생각하는 계기가 된다면 그걸로 충분하다. "지식노동자는 평생 자신의 전문성을 가지고 수명을 연장해야 한다."라고 말한 피터 드러커의 말대로 근로 수명이 조직의 수명보다 길어지는 시대에는 자신의 몸값을 점검하고 몸값을 올리기 위해 끊임없이 노력해야 한다. 그리고 이런 노력은 선택이 아니라 필수이다.

성과 차이는 목표 달성 능력의 차이다

지적 수준이 높다고 일을 잘하는 것은 아닙니다. 일을 잘하는 사람은
목표 달성 능력이 있습니다. 당신은 높은 성과를 내는 사람들이 가진
업무적 습관을 몸에 익히고 있습니까?

모든 조직은 조직에 속한 사람들이 조직이 원하는 목표를 달
성해 주길 바란다. 그러나 조직에서 요구하는 목표를 달성하는
사람은 그리 많지 않은 것이 현실이다. 머리가 좋고 공부를 많이
했지만 업무 성과는 별로인 사람이 의외로 많다. 물론 지적 능력
이 뛰어나고 높은 성과를 내는 사람들도 있다. 반대로 지적 능력
은 좀 부족하지만 동화 속의 거북이처럼 쉬지 않고 앞으로 나아
가 목표 지점에 도달하는 사람도 있다. 결론적으로 지적 능력과
업무 성과는 높은 관련성이 없다고 말할 수 있다.

높은 성과를 내는 사람이 되기 위해서 필요한 것은 무엇일까?
지식노동자 스스로 자신의 자원을 생산적으로 활용할 수 있는
목표 달성 능력이 필요하다. 목표 달성 능력이란 말 그대로 목표

를 달성하는 데 필요한 능력을 말한다. 이는 더 좋은 결과를 얻기 위한 수단이며 동시에 업무 수행 습관이기도 하다. 최근 표현으로 바꾸어 말하자면 일에서 성과를 내는 데 필요한 공통 역량으로서 '핵심 역량'이라고 부를 수 있다. 피터 드러커는 그의 저서 『자기경영노트*The Effective Executive*』에서 목표 달성을 위한 습관적 능력을 5가지로 정리했다.

첫째, 활동의 초점을 외부 세계에 맞춘다. 목표를 달성하는 사람들은 자신의 노력을 업무 그 자체가 아니라 결과에 연결한다. 그들은 '내가 창출해야 하는 것으로 기대되는 것은 무엇인가?'라는 질문으로부터 출발한다. 일하는 방법과 도구가 무엇이고 해야할 일이 무엇인가 하는 것부터 시작하지 않는다.

둘째, 자신의 시간이 어떻게 사용되고 있는지를 안다. 목표를 달성하는 사람들은 중요한 일에 시간을 집중하기 위해 노력한다. 또한 자신이 통제할 수 있는 시간이면 그것이 아주 미미한 시간이라도 체계적인 관리를 통해 활용한다.

셋째, 중요한 일에 집중한다. 목표를 달성하는 사람들은 업무의 우선순위를 스스로 결정하고, 그 결정을 고수한다. 그들은 중요한 일을 먼저 하는 것 이외에 달리 선택의 여지가 없음을 잘

안다. 그러므로 두 번째로 중요한 일을 먼저 하지 않는다. 그렇게 하지 않으면 아무것도 이룰 수 없기 때문이다.

넷째, 강점을 바탕으로 성과를 낸다. 목표를 달성하는 사람들은 자신의 강점과 상사, 동료, 팀원의 강점 그리고 그때그때의 상황에 따른 강점을 바탕으로 일한다. 약점을 기반으로 해서는 성과를 이룰 수 없다는 것을 잘 알고 있으며 해도 안 되는 것으로 일을 시작하지 않는다.

다섯째, 목표 달성을 위한 의사결정을 내린다. 목표를 달성하는 사람은 다양한 의견에 기초해 판단하며 근본적인 의사결정을 한다. 이런 사람들은 목표를 달성하는 의사결정이 체계적 절차라는 것을 알고 순서에 따라 단계를 밟아 나간다.

목표 달성 능력은 특별한 재능을 요구하지 않는다. 누구나 실행에 옮기고 꾸준히 반복하면 몸에 익힐 수 있는 습관적 능력이다. 운전면허 시험에 합격했다고 해서 바로 운전을 능숙하게 하는 건 아니지만 꾸준히 운전하면 운전 실력이 좋아지는 것처럼 목표 달성 능력은 그 방법을 배우고 꾸준히 실천할 때 더 좋아진다.

개인 간 목표 달성 능력의 차이는 눈에 보이지 않지만 업무 성과의 차이로 나타나고 나아가 인생에서 차이를 내는 개인 경쟁력 요소이다. 지식노동자의 목표 달성 능력 계발은 현대 조직이 우선하여 추구해야 할 과제이다.

CHECK POINT ─────────────────────────────────

목표 달성을 위해 익혀야 할 5가지 능력

1. 활동의 초점을 외부 세계에 맞춘다.
2. 자신의 시간이 어떻게 사용되고 있는지 안다.
3. 중요한 일에 집중한다.
4. 강점을 바탕으로 성과를 낸다.
5. 목표 달성을 위한 의사결정을 한다.

일을 잘하는 사람에겐 뭔가 있다

정해진 시간 안에 많은 일을 하면서 높은 성과를 이루기 위해서는
효과적인 작업 방법이 필요합니다. 당신의 노하우는 무엇입니까?

목표 달성 능력은 재능이 아니라 습관이다. 피터 드러커는
"목표 달성 능력은 반드시 배워야만 한다(Effectiveness must be
learned). 또한 배울 수 있는 것이다."라고 말했다. 목표 달성 능
력의 내용을 배운 후에는 어린 시절 구구단을 외울 때처럼 반
복해서 실행하여 어느 때라도 저절로 나오는 습관으로 만들어
야 한다. 습관이 되어야 누구라도 높은 수준의 목표 달성 능력
을 발휘할 수 있다. 여기서 피터 드러커가 주장하는 5가지 목표
달성 능력을 확대하여 정리한 효과적인 지식노동자의 7가지 역
량을 제시한다.

① **목표 관리 역량** 효과적인 사람은 공헌에 초점을 맞추고 정

기적으로 피드백한다. 일을 잘하는 사람은 고객에게 공헌할 수 있는 자신의 책임을 분명히 하고, 자신의 성과에 관한 정기적인 피드백을 통해 그 수준을 지속적으로 향상한다. 지식노동자에게 가장 중요한 것은 자신의 목표가 올바른 것인지를 판단하는 일이다. 옳은 일이라고 판단되면 최고의 성과를 이루기 위한 집중과 피드백 활동을 지속해야 한다.

② **시간 관리 역량** 효과적인 사람은 자신의 시간을 알고 중요한 일에 집중한다. 일을 잘하는 사람은 자신의 시간 기록을 통해 낭비 없이 시간을 관리하고 가장 중요한 일을 집중적으로 수행한다. 시간 관리의 목적은 자신에게 필요한 시간, 즉 중요한 일을 하기 위한 시간을 만들어 내는 것이다.

③ **환경 관리 역량** 효과적인 사람은 집중할 수 있는 작업 환경을 유지한다. 일을 잘하는 사람은 불필요한 물건 버리기를 통해 중요한 일에 집중할 수 있는 깨끗한 환경을 유지한다. 또한 최신의 테크놀로지 기반 도구를 활용하여 정보를 관리하는 등 높은 생산성을 유지한다.

④ **원칙 활용 역량** 효과적인 사람은 작업 원칙을 활용한다. 일을 잘하는 사람은 작업 과정을 통해서 얻은 경험과 학습을

바탕으로 대부분 상황에서 고민 없이 올바르게 의사결정할 수 있는 원칙을 가지고 있다. 평상시 성공적 결과를 이루어 내는 작업 절차와 방법을 축적한다.

⑤ **상호 공헌 역량** 효과적인 사람은 인간관계에서 서로에게 힘이 되는 생산적 관계를 형성한다. 즉, 서로의 목표 달성에 공헌하며 함께 성장해 나간다. 상호 공헌하는 생산적 관계는 성과를 내야 하는 일에서뿐 아니라 좋은 관계를 원하는 일상에서도 적용되는 인간관계 원칙이다.

⑥ **강점 활용 역량** 효과적인 사람은 자신과 타인의 강점을 활용한다. 높은 성과를 이루는 사람은 자신이 가진 강점을 활용하며 자신에게 부족한 것은 타인의 강점을 활용한다. 성공적인 결과는 오직 강점으로만 가능하다. 약점으로는 기대하는 결과를 낼 수 없다.

⑦ **자기 성장 역량** 효과적인 사람은 자기 성장에 책임진다. 진정으로 성공하는 사람은 일에서 성공적 결과를 내는 것을 넘어 인생의 목표를 달성하고, 가치 있는 삶을 살아가기 위해 쉬지 않고 자기를 계발한다. 사람은 오직 스스로 효과적인 사람이 될 수 있으며 그 누구도 대신해 줄 수 없다.

앞서 살펴본 효과적인 지식노동자의 7가지 역량은 그 내용과 방법을 정확하게 이해한 후 실행을 반복해서 몸에 익혀야 하는 능력이다. 이어서 효과적인 지식노동자의 7가지 역량을 더 자세하게 살펴보기로 한다.

CHECK POINT

효과적인 지식노동자의 7가지 역량

1. 목표 관리 역량: 공헌에 초점을 맞추고, 정기적으로 피드백한다.

2. 시간 관리 역량: 자신의 시간을 알고, 중요한 일에 집중한다.

3. 환경 관리 역량: 집중할 수 있는 작업 환경을 유지한다.

4. 원칙 활용 역량: 효과적 작업 원칙을 활용한다.

5. 상호 공헌 역량: 생산적 인간관계를 형성한다.

6. 강점 활용 역량: 자신과 타인의 강점을 활용한다.

7. 자기 성장 역량: 자기 성장에 책임을 진다.

3. 목표 관리 역량

지금 무슨 일을 하고 있습니까

일하는 사람으로서 당신은 태도, 능력, 결과 중
어디에 초점을 맞추고 있습니까?

돌을 깎고 있는 3명의 석공에게 "지금 당신은 무슨 일을 하고 있습니까?"라고 똑같이 물었다. 첫 번째 석공은 힘들고 지친 표정으로 "먹고살려고 일하고 있습니다."라고 대답했다. 두 번째 석공은 하던 일을 멈추고 "제가 이 나라 최고의 석공입니다."라고 말하며 어깨를 으쓱했다. 세 번째 석공은 묵묵히 하던 일을 계속하며 "성당을 짓고 있습니다."라고 말했다. 세 사람의 석공 가운데 자신이 어디에 공헌해야 하는지 초점을 맞추고 있는 사람은 과연 누구일까?

피터 드러커는 "성과를 이루는 사람은 공헌에 초점을 맞춘다. 자신이 속해 있는 조직의 성과와 결과에 공헌할 수 있는 것이 무엇인지 스스로 질문해야 한다."라고 말했다. 또한 "자신에게 주어진 책임에 중점을 두고 일하지 않으면 안 된다."라고 말하면서 공헌에 초점을 맞추는 것이야말로 목표 달성을 위한 가장 중요한 열쇠임을 강조했다. 자신이 공헌할 수 있는 올바른 목표를 찾는 것이야말로 일하는 사람으로서 가장 중요한 숙제이다. 주변에 전문가라고 말하는 사람은 많지만 정작 성과를 내지 못하는 이유가 바로 여기에 있다.

어느 회사의 인사부 직원이 급한 사정으로 경리부에 달려갔다. 그는 숨도 돌리지 않고 말했다. "급하게 지급해야 할 상황이어서 담당 이사님의 결재를 받아 왔습니다. 바로 지급해 주시길 부탁드립니다." 하지만 경리부서의 직원은 느릿하게 이야기했다. "죄송합니다. 우리 부서장님은 하루에 한 번만 결재하시고 결재 다음 날 지급하는 것이 원칙입니다." 만일 경리부 직원이 자신의 책임과 공헌에 초점을 두고 있었다면 이렇게 말했을 것이다. "잠시만 기다려 주세요. 제가 지금 즉시 부장님께 보고하고 처리해 드리겠습니다."

만일 당신이 CEO로서 관리자 중 몇 사람을 해고해야 하는 상황이라고 가정해 보자. 임의로 해고할 수는 없으므로 그 근거를 찾기 위해 5명의 관리자에게 질문을 던졌다. "당신은 급여를 받은 대가로 무슨 일을 하고 있습니까?" 그들은 다음과 같이 대답했다. 첫 번째 관리자는 "내 밑에는 200명이 넘는 직원이 있습니다."라고 했다. 두 번째 관리자는 "판매 목표를 달성하고자 노력하고 있습니다.", 세 번째 관리자는 "고객들이 장차 필요하게 될 제품을 찾아내는 것이 저의 책임입니다.", 네 번째 관리자는 "영업팀을 책임지고 있습니다.", 다섯 번째 관리자는 "다른 관리자들이 올바른 의사결정을 내리는 데 필요한 정보를 제공하는 것이 제 일입니다."라고 했다. 이상 5명의 관리자 중 부득이 해고해야 한다면, 어떤 사람을 해고해야 할까? 답은 첫 번째와 네 번째 사람이다. 왜냐하면 그들은 공헌에 초점을 맞추고 있지 않기 때문이다. 지위가 아무리 높아도 공헌과 책임보다 노력과 권한에 초점을 맞추는 사람은 좋은 리더가 될 수 없다.

세계 최고 수준의 프로 축구 구단에서 성공적으로 활동하고 있는 선수가 "거액의 연봉을 받는 대가로 무슨 일을 하고 있습니까?"라는 질문을 받는다면, "나는 팀에서 가장 연습을 많이 하고 경기장에서 누구보다 열심히 뛰고 있다."라고 말해서는 안 된다. "나는 팀 승리에 공헌하기 위해 공격수로서 슈팅하거나 동료에게 기회를 주기 위해 최선을 다하고 있다."라고 얘기해야 한다.

지금 무슨 일을 하고 있느냐는 질문에 어떻게 답해야 할까요?

☐ 할 일이 많고 힘들지만 월급 받으려면 할 수 없지요.

☐ 저의 업무 결과는 늘 완벽합니다.

☐ 고객이 요구하는 것을 알고 있고 성과를 내기 위해 노력하고 있습니다.

공헌 문장을 만들자

일에서 성과를 이루기 위해서는 공헌에 초점을 맞추어야 합니다.
당신은 일과 삶에서 올바른 목표 설정의 방향이 되는
공헌 문장을 만들 수 있습니까?

질문의 중요성을 역설한 피터 드러커는 간단하고 기본적이지만 성공적 비즈니스를 위한 결정적 질문 5가지를 제시했다. 5가지 질문은 '첫째, 우리의 사명은 무엇인가?', '둘째, 우리의 고객은 누구인가?', '셋째, 고객이 요구하는 가치는 무엇인가?', '넷째, 우리의 결과는 무엇인가?', '다섯째, 우리의 계획은 무엇인가?'이다. 사명-고객-고객 가치-결과-계획으로 이어지는 피터 드러커의 5가지 질문은 성공적 경영을 위한 시대를 초월한 지표가 된다.

이 중 첫째, 둘째, 셋째 질문을 통합해 만든 공헌 문장은 '나(우리)는, ~로서(역할), ~에게(고객), ~을(고객이 요구하는 가치) 제공한다.'이다. 예를 들어 조직 차원에서 윤활유 제조 회사가 만든 공헌 문장은 '우리는 윤활유 제조 회사로서 건설 장비를 사용하는 회사에 중단 없는 공사를 제공한다.'가 될 수 있다. 즉 역할은 윤활유 제조 회사이고, 고객은 윤활유가 들어가는 건설 장비를 사용하는 회사이며, 고객에게 제공해야 할 가치는 중단 없는 공사이다. 부서 차원의 공헌 문장은 '우리는 병원의 응급 부서(역할)로서, 응급실을 찾는 환자(고객)에게 어느 정도 시간이 지나면 괜찮아질 것이라는 확신(가치)을 제공한다.'가 될 수 있다.

개인 차원에서 발 마사지사가 만들 수 있는 공헌 문장은 다음과 같다. 역할은 발 마사지사이고, 고객은 피로가 쌓이고 지친 사람이다. 피로에 지친 고객에게 제공해야 할 가치는 새로운 에너지이다. 결과적으로 '나는 발 마사지사로서 지친 사람에게 새로운 에너지를 제공한다.'가 될 수 있다.

공헌 문장은 업무적 상황뿐만 아니라 성공적 인생을 꿈꾸는 개인의 삶에도 적용할 수 있다. 자신의 역할과 관련하여 공헌 문장을 만들 수 있는 능력은 보이지 않는 부분이지만 성공하는 인생을 위한 개인 경쟁력이 된다. 자신에게 주어진 모든 역할에서 올바른 목표를 설정하는 것은 효과적 업무와 삶의 출발점이기 때문이다.

효과적으로 일하는 사람은 '조직에 공헌하기 위해 자신이 책임져야 하는 것은 무엇인가?'라는 질문에 답을 할 수 있어야 한다. 그렇지 않으면 정신없이 바쁘게 일하면서 스트레스 받고 일한 결과가 별 의미가 없을 수 있다. 그동안 열심히 일해 왔지만 중요한 일이 아니었고 조직 성과에 공헌한 것도 아니라면 공허한 시간이 될 수 있다. 조직 구성원으로서의 공헌 문장은 조직 성과에 공헌하기 위해 어떤 책임을 다해야 하는지에 대한 지침이 된다. 이러한 지침은 내가 해야 할 일과 하지 말아야 할 일에 대한 기준이 되기 때문에 항상 초점을 유지하고 올바른 목표를 세우고 달성할 수 있게 해 준다. 따라서 공헌 문장을 만드는 것은 일하는 사람이 가장 먼저 해야 할 일이다.

CHECK POINT

공헌 문장

나는 _____로서(역할)

_____에게(고객)

_____을(고객이 요구하는 가치) 제공한다.

공헌에 초점을 맞춰라

당신은 많은 시간을 들여 열심히 일했지만
의미 있는 결과를 산출하지 못해
노력에 대한 인정과 보상을 받지 못한 적이 있습니까?

세상의 많은 가르침 중 한 가지는 올바른 방향을 설정하라는 것이다. 방향이 잘못되면 모든 일이 허사가 될 수 있기 때문이다. 이는 비즈니스 세계에서도 그대로 적용된다. 일을 하는 사람들이 가장 먼저 해야 할 일은 올바른 방향을 설정하는 것, 즉 공헌에 초점을 맞추는 것이다. 한 개인이 전체 조직의 성과를 책임질 수는 없다. 그러므로 '조직의 전체 성과에 공헌하기 위해 나는 어떤 책임을 져야 하는가?'라고 질문하고 대답해야 한다. 주어진 일을 하기만 하면 결과가 나오는 일은 공헌에 대해 생각하지 않아도 된다. 그러나 스스로 알아서 일을 하고 조직에 가치 있는 목표를 달성해야 하는 지식노동자는 자신이 누구에게 무엇을 제공해야 조직 성과에 공헌하는가에 대한 답을 가지고 있어야 한다.

지식노동자의 생산성 향상을 연구한 피터 드러커의 중요한 메시지는 "공헌에 초점을 맞추고 집중하라."이다. 그는 공헌에 초점을 맞추는 것이 목표 달성을 위한 가장 중요한 열쇠임을 강조했다. 공헌에 초점을 맞추면 자신이 하는 일의 목표를 올바르게 설정하고 올바르게 목표를 달성할 수 있다. 또한 다른 사람들과의 관계, 즉 상사, 동료, 팀원과의 관계에서 상호 목표 달성을 위한 생산적 관계를 형성하는 데 큰 도움이 된다. 그러므로 공헌에 초점을 맞추는 것이 목표 달성의 시작이라고 할 수 있다.

　　공헌에 초점을 맞추면 조직의 커뮤니케이션이 좋아진다. 공헌에 초점을 맞추는 리더는 팀원들에게 그들 자신이 어떤 공헌을 할지 충분히 생각하게 한 다음, 팀원이 생각한 공헌의 타당성을 판단하기 때문에 상하 간의 효과적인 커뮤니케이션이 가능해진다. 물론 팀원과 상사의 생각이 다를 수 있지만, 함께 공헌에 초점을 맞추는 노력만으로도 의미 있는 커뮤니케이션이 이루어진다.

　　공헌에 초점을 맞추면 팀워크가 좋아진다. 공헌에 초점을 맞추면 자신의 업무 결과에 누가 연결돼 있는지가 중요하기 때문에 수평적인 커뮤니케이션, 즉 팀워크가 좋아진다. 축구 경기에서 선수들은 자신이 어느 포지션에 있든지 간에 자기 역할이 팀

승리에 공헌하는 것이라는 사실을 잘 알고 있다. 그러므로 자신에게 온 공을 가장 적절한 곳에 패스함으로써 팀 승리를 향한 공동의 노력, 즉 팀워크에 기여하게 된다.

공헌에 초점을 맞추는 사람은 자기를 계발한다. 그는 자신이 공헌해야 할 책임을 다하기 위해 보다 높은 수준의 목표를 설정하고 '내가 성과를 내기 위해서는 어떤 지식과 기술을 배워야 하는가? 나의 강점 가운데 어떤 것을 활용해야 하는가?'라는 질문을 하면서 스스로 성장한다.

더불어 공헌에 초점을 맞추는 사람은 높은 수준의 목표를 달성하기 위하여 함께 일하는 사람들이 스스로를 계발하도록 촉진한다. 최고 수준의 팀 목표를 달성하게 하는 진정한 시너지는 최고의 역량을 가진 사람이 모였을 때 가능한 것이다. 공헌에 초점을 맞추면 상호 성장에 공헌하는 생산적 관계가 형성되고 그 결과로 인간관계도 좋아진다.

공헌에 초점을 맞추는 것은 모든 일에서 최고의 결과를 얻을 수 있는 올바른 길이다. '나는 누구에게 무엇을 제공해야 조직에 공헌하는 것인가?'라는 질문을 던지면 일하는 사람으로서 고민하는 대부분의 문제에 대한 해답을 찾을 수 있다.

공헌에 초점을 맞추면

- 올바른 목표를 달성하게 된다.
- 커뮤니케이션이 좋아진다.
- 팀워크가 좋아진다.
- 자기계발이 된다.
- 다른 사람의 성장을 돕는다.
- 인간관계가 좋아진다.

성과란 무엇인가

일하는 사람들은 결과(Output)와 성과(Performance)라는 말을
자주 사용합니다. 두 단어의 차이를 아십니까?

Performance는 비즈니스 세계에서 가장 많이 사용되는 말
가운데 하나이다. 그러나 한편으로 그 뜻을 정확하게 알기 어려
운 단어이기도 하다. 주로 성과, 수행 등으로 번역하고 사용하지
만 우리말로 옮기기 어려울 때는 영어 발음 그대로 '퍼포먼스'라
고 쓰기도 한다. 그 외 연기, 연주 등의 뜻도 있다.

퍼포먼스(이하 성과)의 개념을 설명하는 공식으로 P = A + B가
있다. Performance = Achievement + Behavior이다. 이 공식
에 의하면 성과는 결과이며, 또한 그 결과를 만들기 위한 행동이
다. 예를 들어 고속버스 운전기사의 성과는 버스를 운전하는 행
동과 승객을 목적지에 무사히 도착시키는 결과 모두이다.

결국 성과는 행동과 결과를 모두 포함하는 말이다. 그러나 단

순한 행동과 결과가 아니라, 고객을 만족시키는 가치 있는 행동과 결과를 의미한다. 만일 고속버스를 타고 온 승객이 목적지에 도착은 했지만 버스를 타고 오는 동안 서비스에 불만족했다면 다음번에는 다른 회사의 버스를 이용하게 될 것이다. 결국 운전기사의 노력은 성과로 완성되지 못한 것이다. 다른 예로 누군가 보고서를 완성했다고 하자. 그는 분명히 결과를 만들었다. 하지만 그 결과가 성과가 되기 위해서는 완성된 보고서를 이용하여 다음 결과를 만드는 사람에게 가치가 있어야 한다. 많은 경우 할 일을 했다는 것에 만족하지만 고객을 만족시키지 못하면 의미 없는 결과가 될 수 있다. 즉 수술은 성공했는데 환자는 죽은 꼴이 되고 마는 것이다.

열심히 노력하면 누구나 결과는 만들 수 있지만, 그것이 반드시 성과라 할 수는 없다. 조직의 성과도 마찬가지다. 조직이 만들어 내는 최종 결과물(Output)인 상품과 서비스가 가치 있는 결과로 인정받지 못하면, 즉 고객이 만족하지 못하면 성과라고 할 수 없다. 경영학의 아버지로 불리는 피터 드러커의 말대로 조직에서 발생하는 것은 노력과 비용뿐이다. 성과야말로 세상을 움직이는 핵심이며 비즈니스의 중심이라 할 수 있다.

1990년대 이후 교육훈련의 새로운 흐름으로 등장한 수행공학(Performance Technology)은 높은 성과를 지향하는 사회적인 흐름에서 나온 것이라 할 수 있다. 수행공학이란 조직 성과에 연결된 개인의 성과 문제, 즉 조직이 요구하는 업무 성과 수준과 현재의 성과 수준의 차이를 규명하고 그 원인에 따른 해결책을 찾는 방법론이다. 또한 조직에서 필요한 교육이 무엇인가를 결정할 때 과거에는 직무를 수행하는 데 필요한 지식이 무엇인지를 바탕으로 판단했다. 그러나 최근에는 조직 성과에 관련된 핵심 업무 성과와 핵심 역량이 무엇인지를 결정하고 성과와 역량에 따른 교육을 한다.

올바른 목표의 달성을 강조한 피터 드러커는 "효과적인 지식 노동자는 공헌에 초점을 맞춘다. 즉 작업 그 자체로부터 결과로, 전문 분야로부터 성과가 드러나는 외부 세계에 초점을 맞춘다."라고 했다. 결국 성과가 존재하는 유일한 장소는 외부 세계이며 아무리 전문적인 결과라 할지라도 내부적인 결과에 머무르면 성과라고 할 수 없다. 그러므로 일하는 사람이 가장 먼저 할 일은 자신이 궁극적으로 어떤 성과에 공헌해야 할지를 명확하게 알고 그곳에 초점을 맞추는 것이다.

당신의 업무 결과는 성과로 인정받고 있습니까?

☐ 항상 높은 성과로 평가받고 있다.

☐ 노력에 비해 인정받지 못할 때가 많다.

☐ 대부분 인정받지 못하고 있다.

• 업무 결과가 성과로 인정받지 못하고 있다면 그 이유는 무엇일까요?

성장하는 사람은 피드백 분석을 한다

조직에 공헌하며 성장하는 사람은 목표를 달성하기 위해 노력하고
그 결과에 대해 발전적 반성을 지속합니다.
당신은 중요한 성과에 대해 피드백 분석 활동을 하고 있습니까?

삼성 그룹 창업주 이병철 회장에 관한 일화이다. 삼성 그룹 계열사의 K 사장이 이병철 회장에게 보고하는 자리에서 보고서를 검토한 이 회장이 "200억 적자네."라고 하자 K 사장은 당황하며, "아닙니다. 300억 흑자입니다."라고 했다. 언뜻 이상하지만 500억 흑자가 목표였는데 목표 달성을 하지 못했다는 이야기다. 이병철 회장은 K 사장에게 처음 하는 사업에서 흑자를 낸 것은 인정하지만 목표를 달성하지 못한 것에 대한 반성이 없는 것을 꾸짖었다고 한다. 그러면서 "대개 성장하는 사람은 일을 시작하기 전에 예상되는 결과를 먼저 그려 놓기 마련이지. 1년 후면 1년 후에 예상된 결과와 실제로 나타난 결과를 비교해서 왜 그렇게 되었는가를 반성해 본단 말이야."라고 했다.

실제로 성장하는 사람은 성과에 대한 발전적 반성, 즉 피드백 분석 활동을 하는 사람들이다. 일에서 높은 성과를 이루려면 자신이 만들어야 할 업무 성과에 대해 꾸준하게 피드백 분석을 해야 한다. 중요한 성과에 대해 지속하여 피드백 분석을 하면 처음에는 결과가 두드러지지 않지만 나중에는 다른 사람이 따라오기 힘든 높은 수준이 된다. 성경에 있는 '네 시작은 미약하지만 네 마지막은 심히 창대하리라.'라는 말처럼 될 것이다.

　　지식노동자의 혁신적 생산성을 강조한 피터 드러커는 그의 저서 『프로페셔널의 조건』에서 자신의 인생을 바꾼 지적 경험에서 얻은 교훈의 한 가지로 "자기 일을 정기적으로 검토하라."라고 했다. 피터 드러커는 20대 초반에 독일의 유력 신문사에서 일했는데 당시 편집국장은 1년에 두 번, 토요일 오후에서 일요일 저녁까지 지난 6개월의 성과를 검토했다. 그 토론에서는 잘한 일부터 시작해서 잘하려고 노력한 일, 잘하려고 충분히 노력하지 않은 일, 그리고 잘못했거나 실패한 일에 대해서 논의했다. 그리고 마지막 2시간 동안 앞으로 6개월간 해야 할 일에 대해 계획을 세웠다. 이때는 모두가 집중해야 할 일, 개선해야 할 일, 각자가 학습해야 할 것 등에 대해서 정리했다고 한다. 이후 피터 드러커는 자신의 주요 성과를 정기적으로 피드백했으며 자신이 계속해서 성장할 수 있었던 이유로 그때의 경험을 설명하고 있다.

어떤 일이 끝나고 나면 피드백 분석을 해야 하지만 바쁘다 보면 건너뛰기 일쑤다. 그것은 마치 시간이 없다는 이유로 무딘 톱을 사용하여 계속 나무를 베는 것과 같다. 정기적으로 피드백 분석을 하기 위해서는 피드백 분석 활동을 업무 프로세스에 포함해야 한다. 피드백 분석 항목을 만들어 놓으면 특별한 고민 없이 바로 피드백 분석 활동을 진행할 수 있기 때문이다. 피드백 분석 항목은 체크리스트의 형태가 될 수 있다. 체크리스트는 만들고 사용할수록 완성도가 높아진다. 결과적으로 피드백 분석 체크리스트는 높은 성과를 지원하는 시스템으로 발전한다.

피드백 분석을 통해 얻을 수 있는 또 하나의 결과는 자신을 더 정확하게 알게 된다는 것이다. 일에 관해 자신의 강점이 무엇인지, 자신의 약점이 무엇인지, 어떤 식으로 일을 하고 있는지 등 자신을 이해하는 정보를 수집할 수 있다. 이러한 정보를 바탕으로 자신이 무슨 일을 어떤 방식으로 할 것인지를 판단할 수 있다면 지식노동자로서 최고의 성과를 이루어 낼 수 있다.

피터 드러커는 "육체노동자의 생산성은 소수 엘리트 또는 경영자들에 의해 만들어졌지만 지식노동자의 생산성은 경영자의 손에 달려 있지 않다. 대부분 지식노동자 자신의 손에 달려 있다."라고 말했다. 조직의 경영자가 조직 차원에서 물적·인적 자원을 활용하여 목표를 달성하는 사람이라면 지식노동자는 개인 차원에서 가용 자원을 활용하여 목표를 달성하는 경영자라고 할 수 있다.

CHECK POINT

업무 성과 피드백 분석 체크리스트

- 성과: _____
- 기간: _____

□ 잘한 일

□ 더 잘했어야 한 일

□ 잘못한 일 또는 실패한 일

□ 그 이유

□ 집중해야 할 일(중요한 일)

□ 개선해야 할 일(고쳐야 할 점)

□ 학습해야 할 것

성과 피드백 분석 체크리스트를 만들자

자신의 중요한 성과를 피드백할 수 있는 체크리스트는
일을 잘하는 사람의 노하우입니다.
당신은 얼마나 많은 피드백 분석 체크리스트를 가지고 있습니까?

대학에 있는 나는 다양한 일을 하고 있지만 주된 일은 학생을 가르치는 수업 활동이다. 그러므로 나는 무엇보다도 수업에서 높은 성과에 도전해야 한다. 수업의 성과는 학습자의 학습 목표 달성이다. 하지만 실제로는 교수자에 대한 학습자의 평가가 더 중요할 때가 많다. 한 학기 수업을 마치고 난 후 실시되는 강의 평가에서 학생들에게 좋은 평가를 받지 못하면 학교에서도 좋은 평가를 받지 못한다.

그러다 보니 강의를 직업으로 하는 사람들에게는 딜레마가 있다. 재미를 위주로 할 것이냐, 내용의 질에 비중을 둘 것이냐가 그것이다. 물론 나는 답을 알고 있다. 내용과 재미, 둘 다에서 학습자를 만족시키는 것이 교수자의 최고 성과라는 것을 말이다.

하지만 장시간 학습자들이 흥미를 잃지 않고 수업에 집중하게 하는 것은 결코 쉬운 일이 아니다. 최근 짧은 콘텐츠에 익숙해진 MZ세대 학생들을 대상으로 2~3시간의 수업을 진행하는 일은 매우 어려운 일이다. 그러므로 수업 성과는 철저한 준비와 노력이 있어야만 가능하다.

수업 성과의 수준을 높이기 위해서는 수업 종료 후에 따로 시간을 내어 피드백 분석을 해야 한다. 나의 수업 피드백 분석 내용은 다음과 같다. 첫째, 학습자들의 전체적인 반응은 어떠했는가? 둘째, 교수자로서 잘한 점은 무엇인가? 셋째, 교수자로서 잘못한 점은 무엇인가? 넷째, 학습자의 질문은 무엇이었는가? 다섯째, 개선해야 할 점은 무엇인가?(오타, 내용, 방법, PPT 내용, 교재 관련 등) 여섯째, 연구가 필요한 부분은 무엇인가? 수업을 마치고 나면 홀가분한 느낌에 아무것도 하고 싶지 않지만 피드백 분석 활동으로 마무리를 지으면 그다음 수업을 미리 준비한 셈이 되어 훨씬 마음이 편하다.

지속 성장을 강조한 피터 드러커는 "나는 줄곧 여름만 되면 2주일간 시간을 따로 할애해서 지난 1년 동안 내가 한 일을 검토한다. 처음에는 내가 비록 잘했지만 더 잘할 수 있었거나 또는 더 잘했어야 하는 일을 검토하고, 그다음에는 내가 잘못한 일, 마지막으로 내가 했어야만 했는데도 하지 않은 일을 차례로 검토한다."라고 말했다. 피터 드러커는 자신이 수립한 계획에 맞추어 충실하게 생활한 적은 한 번도 없었다고 고백했지만 완벽에 도전한 그의 지속적인 노력은 우리가 피터 드러커를 시대의 거장으로 기억하는 이유일 것이다.

앞서 제시한 피드백 분석 체크리스트의 기본형을 바탕으로 자신의 업무 성과에 맞는 형태로 자신만의 피드백 분석 체크리스트를 만들어 보자. 피드백 분석 활동은 지식노동자 생산성의 핵심이다. 한 개인이 '얼마나 많은 성과 피드백 분석 체크리스트를 가지고 있느냐'는 보이지 않는 개인 경쟁력 지표가 된다.

CHECK POINT

수업 성과 피드백 분석 체크리스트

☐ 학습자들의 전체적인 반응

☐ 교수자로서 잘한 점

☐ 교수자로서 잘못한 점과 그 이유

☐ 학습자의 질문

☐ 개선해야 할 점

   – 오타 / 내용 / 방법 / PPT / 교재 / 기타

☐ 연구가 필요한 부분

지식노동자는 스스로 책임진다

당신은 조직에 고용된 종업원입니까?
아니면 주도적으로 높은 성과를 내며
조직과 협력하는 관계를 유지하는 파트너입니까?

누구든 조직의 경영자라면 직원들이 최고의 성과를 내 주길 기대할 것이다. 그래서 모든 조직은 유능한 사람을 뽑기 위해 총력을 기울이고 있다. 가능한 한 기본 능력과 잠재 능력이 높은 사람을 선발하는 것이 조직 목표 달성의 수준을 높여 주기 때문이다. 그러나 우수한 사람을 선발하는 것은 목표 달성을 위한 시작점에 불과하다. 사람이 조직의 목표를 달성하기 위해서는 업무지식 또는 스킬이 있어야 한다. 그래서 조직에는 사람들에게 지식과 스킬을 제공하는 교육훈련 기능이 있다. 그러나 목표 달성에 필요한 지식과 스킬을 가지고 있다 하더라도 그들에게 높은 성과를 기대할 수는 없다. 왜냐하면 열심히 일하겠다는 마음, 즉 동기가 부여되지 않으면 사람들은 최선을 다하지 않기 때문이다.

또한 사람들에게 조직이 요구하는 성과를 기대한다면 업무 수행의 생산성을 올릴 수 있는 업무 환경이 중요하다. 예를 들어 최고 사양의 컴퓨터와 업무절차 표 등은 사무직 직원의 업무 성과 향상에 크게 영향을 미치는 환경 요소이다.

이 4가지 요소, 즉 선발, 지식, 동기, 환경은 일을 하는 사람의 업무 성과 향상에 영향을 주는 요소이다. 그러므로 모든 조직은 우수 인재를 뽑고, 질적인 교육을 실행하고, 동기 부여 시스템을 개발하고, 최상의 업무 환경을 만들어 주기 위해 노력하고 있다.

그러나 직원의 입장에서 보면 조직이 제공해 주고 있는 것 중 어느 것 한 가지도 충분히 만족스럽지 못하다. 그 이유는 첫 번째, 많은 경우 조직의 규모가 크고 상황이 복잡하기 때문이다. 그러므로 직원들 각자에게 꼭 맞는 것을 제공해 주는 데엔 한계가 있을 수밖에 없다. 두 번째, 본질적인 문제로 일하는 사람 대부분이 육체노동자가 아니라 지식노동자이기 때문이다. 육체노동자는 선발 기준, 지식 또는 기능, 보상 시스템, 도구 및 환경 모두를 명확하게 할 수 있고 인원이 많다고 해도 적용이 가능하다. 그러나 지식을 활용하여 일하는 지식노동자에게 필요한 요소를 명확하게 하는 것은 한계가 있다. 성과 향상을 위해 필요한 요소를 조직이 제공해야 할 책임도 있지만 지식노동자 개인의 책임도 있다. 지식노동자는 스스로 자신의 기본 능력을 유지하고 발전시켜야 한다. 그리고 성과 창출에 필요한 지식을 스스로 습득하고 관리하는 것도 지식노동자의 몫이다. 또한 자신이 일하는 이유를 분명히 하고, 스스로 동기를 부여해야 하며, 보다 생산적으로 일하기 위한 업무 환경을 스스로 만들어야 한다.

누군가는 조직에 그렇게까지 충성해야 하느냐고 의문을 제기할 수도 있다. 그러나 스스로 책임지는 행동은 조직에 공헌하는 일인 동시에 자신을 성장시키고 가치를 올리는 노력이 된다. 조직과 지식노동자는 더 이상 고용자와 고용된 자의 관계가 아니다. 둘 사이는 팽팽한 긴장감이 있는 파트너 관계이다. 그 관계는 상호 힘의 균형에 의해서만 유지될 수 있다.

조직의 입장으로 볼 때 직원이 직무적으로 전문적이지 못하고 그 결과로 조직이 기대하는 성과를 내지 못한다면 그 관계는 지속될 수 없다. 물론 반대 경우도 마찬가지이다. 직원 입장으로 볼 때 조직이 개인의 전문성 발휘의 기회를 제공하지 못하고 성장의 비전을 주지 못한다면 그 관계 역시 지속될 수 없다. 고용자와 종업원의 전통적 수직 관계에서 벗어나 파트너로서 상호 공헌하는 수평적 관계를 통해 함께 성장하는 것이야말로 지속 가능한 조직 문화이다.

자신의 직무에서 생산적으로 일하고 높은 성과를 내는 효과적인 지식노동자가 된다는 것은 자신이 속하거나 관계하는 조직에 공헌하는 일이며 동시에 긴 노동 수명 동안 자신의 가치를 유지할 수 있는 경쟁력이다.

CHECK POINT

나와 조직의 관계

☐ 조직과 상호 공헌하는 파트너십을 유지하고 있다.

☐ 조직에 공헌하는 것에 비해 높이 평가받고 있다.

☐ 조직에 공헌하는 만큼 평가받고 있지 못하다.

MBO는 문제 해결 역량이다

목표 관리로 일컬어지는 MBO(Management By Objective)가
등장한 배경과 본질을 알고 있습니까?

초기 산업 사회에서 노동자 대부분은 공장에서 단순 작업을
하는 육체노동자였다. 그들은 감독자가 시키는 일을 하기만 하면
되었고 일하는 목적과 방법에 대해서는 생각할 필요가 없었다.
목표는 주어지는 것이었다. 산업 사회를 지나 지식 사회로 전환
되면서 대다수 사람이 지식을 활용하여 일하는 지식노동자가 되
었다. 지식노동자들은 육체노동자와는 달리 목표를 달성하기 위
해 무엇을 해야 하며 어떻게 할 것인지를 고민하기 시작했다. 이
런 사회 변화의 흐름 속에서 탄생한 것이 목표에 의한 관리, 즉
MBO(Management By Objective)이다.

현대 경영학의 아버지로 불리는 피터 드러커는 1954년 MBO
의 개념을 제시하며, "고객의 요구를 만족시키기 위하여 어떤 목

표를 설정할 것인가를 올바르게 판단해야 한다."라고 주장하였다. 조직에서 MBO는 고객이 요구하는 조직의 목표를 설정한 후 그에 따른 하위 조직의 목표와 개인의 목표를 설정하고 그 목표를 달성하기 위한 경영 기법이다. MBO의 특징은 합의를 통해 목표를 설정하고 직무자가 자기 통제하에(with self control) 목표 달성에 대한 책임을 지는 것이다. 자기 관리의 개념이 포함된 MBO는 목표에 대한 개념 없이 주어진 일을 했던 육체노동자 중심 사회의 종말을 알리는 혁명적 개념이었다.

산업 사회를 지나 지식 사회로 들어서면서 MBO는 경영 이슈로 부상했고 기업에서는 우후죽순으로 MBO를 도입하는 흐름이 생겼다. 실제로 MBO는 1970년대부터 1990년대까지 우리나라의 대표적인 기업 교육 프로그램이었다. 하지만 많은 기업이 MBO의 본질과 핵심을 제대로 이해하지 못한 채 하나의 유행하는 기법 정도로 여겼다. 기업은 올바른 목표를 설정하기 위한 깊은 고민보다는 정해진 목표를 관리하는 방법에만 관심을 두었다. 그 결과 기업은 스스로 목표 관리 시스템을 구축하고 운영할 수 있는 능력을 제대로 갖추지 못했다. 결과적으로 정해진 목표를 관리하는 방법은 발전했지만 정작 올바른 목표를 설정하는 힘은 기르지 못했다.

MBO는 20세기 중반에 탄생했지만 본격적인 역할을 하기 시작한 것은 지식 사회가 고도화된 21세기에 들어서면서부터였다. 이미 다수의 조직에서 목표에 의한 관리 체계로 자리 잡은 KPI(Key Performance Indicator)는 MBO의 대표적 예이다. 참고로 KPI는 조직의 목표 달성을 확인할 수 있는 핵심 성과를 평가가 가능한 지표로 기술하고 목표를 달성하기 위한 관리 체계이다. 최근 수많은 데이터를 수집·분석할 수 있는 인공지능이 발전하면서부터 올바른 목표 설정의 가능성이 커졌다. 또한 목표는 측정이 가능하고 관리가 가능한 지표로 설정되어 디지털 시스템에 의해 운영됨으로써 목표 관리 체계의 효율성도 극대화되고 있다.

변화가 빠른 지식 사회에서 조직이든 개인이든 올바른 목표를 설정하고, 그 목표를 달성하기 위한 책임을 져야 한다. 방향이 틀리면 그 이후 에너지의 집중은 헛수고가 될 것이다. 이제 MBO는 기업의 경영 기법을 넘어 개인의 가치 있는 결과, 즉 원하는 삶을 살기 위한 방법론이라고 할 수 있다.

MBO 프로세스

조직의 사명 / 개인의 목적

▼

목적과 사명을 이루기 위한 목표

▼

목표 달성 계획

▼

목표 달성 활동

▼

목표 달성 과정과 결과 점검

4. 시간 관리 역량

시간 관리는 선택이 아니다

대다수 사람은 열심히 일하고 생활하고 있습니다.
하지만 할 일은 점점 더 많아지고 사는 것은 더 어려워지는 것 같습니다.
어떻게 하면 더 나은 삶을 살 수 있을까요?

1990년대까지 송금을 하는 것은 꽤 시간이 걸리는 일이었다. 은행에 가서 긴 줄을 서서 기다리다 보면 오고 가는 시간을 포함하여 한두 시간이 걸리는 것은 예사였다. 그런데 요즈음은 휴대폰에서 은행 앱에 접속하면 1분 이내 해결이 가능하다. 이런 일은 비단 은행만의 이야기는 아니다. AI 등 테크놀로지의 발달로 과거에 많은 시간이 걸렸던 일들이 순식간에 처리되고 있다. 그렇다면 사람들에게 시간이 남아돌까? 전혀 그렇지 않다. 오히려 그 반대로 많은 사람이 시간에 쫓기는 삶을 살고 있다. 도대체 이유가 무엇일까?

그것은 개인이 누리는 생활 수준이 높아졌기 때문이다. 지금의 생활 수준을 유지하고 향상하기 위해서는 그만큼의 수입이 필요하다. 그만한 수입을 창출하기 위해서는 상대적으로 더 높은 수준의 목표를 달성해야 한다. 과거에는 은행을 갔다 오는 일도 큰 업무였다. 심지어 은행에 다니는 일을 하면서 급여를 받는 사람도 있었다. 이제 그런 일은 있을 수 없다. 조직의 성과에 공헌하는 일은 전문 지식을 기반으로 하여 높은 목표를 달성하는 것이다.

대충 일해서 부가가치, 즉 이익을 만들 수 있는 세상은 더 이상 존재하지 않는다. 모든 시스템이 전문화된 사회에서 저급한 제품과 서비스로는 고객을 창출하고 그들을 만족시키는 것은 불가능하다. 그러므로 모든 조직은 최고의 제품과 서비스를 창출하기 위한 끊임없는 노력, 즉 혁신과 변화를 해야 한다. 그런데 혁신과 변화는 누구나 다 알고 있는 일이 아니다. 지금까지 없었던 새로운 내용과 방법이다. 그래서 언제나 엄청난 시간이 요구되어 사람들이 해야 할 일이 점점 많아지고 있다. 반면에 일을 하는 데 필요한 시간은 늘 부족하다. 시간은 한정된 자원이기 때문이다. 시간은 수요가 아무리 많아도 공급을 늘릴 수 있는 자원이 아니다. 시간은 저장할 수도 없고 대체할 수도 없다. 그러므로 할 일은 많고 시간은 늘 부족하기만 하다.

현대 사회의 조직에서 요구하는 전문적 기능을 수행하는 사람들이 해야 할 일은 점점 많아지고 있다. 또한 핵심 과제를 수행하기 위해서는 많은 시간이 필요하다. 문제는 일할 시간이 부족하다는 것이다. 더군다나 직장에 출근하여 여러 사람과 업무적으로 관계하다 보면 정작 일할 시간이 없다시피 하다. 그런 상황에서 시간 관리는 절대적으로 필요하다.

피터 드러커는 "목표를 달성하는 지식노동자는 일을 시작하기 전에 자신이 사용할 수 있는 시간을 먼저 고려한다."라고 했다. 훌륭한 계획을 세워 놓고도 그 일이 계획대로 되지 않는 이유는 쓸 수 있는 시간에 대한 고려가 부족했기 때문이다. 그러므로 자신이 사용하는 시간 중 불필요하거나 낭비되는 시간을 제거하고 중요한 일에 집중할 수 있는 시간을 만들어 내는 것이 시간 관리의 목표이다.

시간 관리와 같은 체계적 활동에 답답함을 느끼고 체질적으로 맞지 않은 사람들도 있다. 하지만 시간 관리를 위한 노력은 이제 선택의 문제가 아니다. 지금보다 나은 삶을 진정으로 원한다면 시간을 관리하는 노력을 피해 갈 수 없다. 안타까운 일이지만 앞으로 시간 부족 현상은 지속될 것이다. 할 일은 많고 세상은 넓다. 그러나 시간은 없다.

시간 관리의 3단계

☐ 1단계. 시간 기록 및 분석: 3주 이상 사용 시간을 기록하고 분석한다.

☐ 2단계. 시간 관리: 시간을 낭비하는 비생산적인 활동을 찾아내어 제거한다.

☐ 3단계. 시간 통합: 시간을 통합하고 중요한 일에 집중한다.

너 자신의 시간을 알라

시간을 관리하기 위해서는 자신의 시간을 알아야 합니다.
당신은 자신이 사용하는 시간의 내용을 정확히 알고 있습니까?

시간 관리를 주제로 강의할 때, 학습자들에게 눈을 감고 마음 속으로 3분을 카운트하게 한다. 그러면 짧은 시간에도 불구하고 차이가 난다. 빠르게는 1분이 조금 지나서 눈을 뜨는 사람이 있고 6분이 다 되어서 눈을 뜨는 사람도 있다. 이 실험의 메시지는 자신의 시간 감각을 믿지 말라는 것이다. 일반적으로 사람의 공간 감각은 믿을 만하다. 어두운 영화관에 들어가면 순간 당황스럽지만 금방 익숙해져 불편함이 없다. 반면에 시간 감각은 믿을 수 없다. 사람을 불이 켜진 밀폐된 공간에 일정 시간 동안 머무르게 하면 얼마만큼의 시간이 지났는지 잘 알지 못한다고 한다. 이처럼 인간이 가진 시간 감각은 그리 믿을 게 못 된다.

일을 하면서 사람들은 '나는 시간을 이렇게 쓰고 있어.'라고 생각하지만 대개 사실과 크게 다르다. '그 일은 30분이면 돼.' 하지만 실제로 해 보면 3시간이 걸리기도 한다. 그러므로 부족한 시간을 생산적으로 활용하기 위해서는 자신의 시간을 정확하게 알아야 한다. 돈을 관리하기 위해서 수입과 지출의 내용을 정확히 기록해야 하는 것처럼 자신이 어떻게 시간을 사용하고 있는지 모르고 시간 관리를 하겠다는 것은 난센스이다. 시중에 알려진 상당수의 시간 관리 방법이 실질적인 도움을 주지 못하는 이유가 여기에 있다.

시간을 관리하기 위해서는 시간을 기록하는 것으로부터 출발해야 한다. 시간 기록은 가능한 한 실시간으로 하는 것이 좋다. 앞서 밝혔듯이 기억에 의존하면 오류가 생기고 스트레스까지 받을 수 있다. 물론 24시간을 틈 없이 기록한다는 것이 쉬운 일은 아니다. 그래도 막상 해 보면 생각보다 부담이 되지 않는다. 오히려 기대 이상의 장점도 있다. 우선 시간을 기록한다는 것 자체로 시간 관리가 된다. 시간 기록을 하면서 지내는 날과 그렇지 않은 날의 차이는 분명하다. 또 한 가지 좋은 점은 하루를 한눈에 볼 수 있다는 것이다. 늘 그렇듯이 전체를 보면 올바른 판단을 할 수 있다. 시간을 기록하다 보면 이것저것 동시에 일을 하게 돼서 무슨 일을 했는지 적기 어려울 때가 있다. 그것은 많은 일을 했다는 측면도 있지만 집중하지 못했다는 것이기도 하다. 결국 애매한 시간을 줄이고 분명한 과제에 집중하는 효과도 있다. 피터 드러커는 시간 기록을 통해 의미 있는 데이터를 만들기 위해서는 3주 이상의 시간 기록이 필요하다고 했다.

이어지는 Check Point의 양식은 시간 기록을 위해 개발한 시트 'Know Your Time'이다. 시트에 전일 취침 시간부터 시작해 다음 날 잠자리에 드는 시간까지 기록한다. 시간 기록은 중간에 빈 시간 없이 연결하고 가능한 한 구체적으로 써야 한다. 예를 들어, 11:35~11:50 메일 확인 / 11:50~12:30 중식 등과 같이 작성할 수 있다. 처음에는 시간과 내용을 명확히 구분하기 어려울 때도 있지만 쓰다 보면 나름의 원칙이 생긴다. '양'의 칸에는 그 일을 하는 데 소요된 시간으로 ○분, 또는 ○시간 ○분으로 정리하면 된다. '평가'의 칸에는 양식 밑에 있는 기준에 따라 집중과 낭비 정도를 주관적으로 평가하면 된다.

하루의 일과를 마칠 때는 10점 만점의 기준에 따라 나의 하루에 대한 평점을 준다. 축구 경기가 끝나면 선수들에 대한 평점이 매겨지듯이 스스로 자신의 하루를 평가해 보고 짧은 논평을 해 보자. 그러면 하루를 마무리하는 의미도 있고 주간 통계를 내는 재미도 있다.

소크라테스가 말한 '너 자신을 알라.'는 사실 평생을 살면서 그 답을 찾기 어려운 문제이다. 하지만 '너 자신의 시간을 알라.'에 대한 답은 시간을 기록하는 순간 바로 찾을 수 있다.

Know Your Time

년 　월 　일 　요일

시간	양	평가	내용

☆: 중요한 일에 장시간 집중함　○: 중요한 일에 집중함　△: 할 일을 함
×: 할 일을 제대로 못 함 / 짧은 시간을 낭비함　××: 장시간을 낭비함

오늘의 평점		한마디 평가	

10: 완벽함　9: 완벽에 가까움　8: 매우 잘함　7: 잘함　6: 보통 이상임
5: 보통 이하임　4: 미흡함　3: 매우 미흡함　2: 최악에 가까움　1: 최악임

낭비 시간을 과감히 제거하라

당신은 일과 삶의 성과에 별 영향을 미치지 않는 비생산적인 행동과
시간을 낭비하는 행동을 하고 있습니까?

시간을 기록한 다음 해야 할 일은 시간 기록 내용을 카테고리
별로 묶어 시간을 분석하는 것이다. 예를 들어 잠자는 시간, 출
퇴근 시간, 업무 시간, TV를 보는 시간, 휴대폰으로 게임을 하
는 시간, 책 읽는 시간, 운동을 하는 시간 등으로 나누어 분석
한다. 업무 시간은 회의 시간, 보고 시간 등 구체적으로 구분한
다. 기록한 모든 시간을 종합하거나 분석할 필요는 없다. 필요
한 내용을 중심으로 3주 정도의 기록 내용을 종합하고 분석하
면 내가 어떻게 시간을 쓰고 있는지가 객관적 정보로 드러난다.
최근에는 스마트폰 애플리케이션을 활용해 시간을 기록하고 분
석할 수도 있다.

그다음 할 일은 종합된 정보를 바탕으로 전략적 판단을 하는

것이다. 즉, 낭비라고 판단되는 시간을 제거한다. '할 일은 많고 시간은 없다.'는 시간 관리의 전제이기 때문에 사용하는 시간의 내용을 판단하는 것은 중요한 단계이다. 업무적 상황에서 시간을 낭비하는 일들이 생각보다 많다. 예를 들면 불필요한 회의 참석, 고객과의 사소한 전화, 상사 또는 고위층의 부탁, 가고 싶지 않아도 가야 하는 회식이나 접대 모임 등이다. 시간 낭비라고 판단되는 일은 크게 3가지로 나눌 수 있다. 할 필요가 전혀 없는 일, 내가 하지 않아도 되는 일, 다른 사람의 시간을 뺏는 일 등이다. 시간 낭비를 줄이려면 각 카테고리의 성격에 따른 전략적 대응이 필요하다.

첫째, 시간 기록 내용에서 전혀 필요 없는 일로 구분되는 일이 있다. 이런 일들은 즉시 그만두면 된다. 지금 당장 그만두어도 아무 문제가 되지 않는다. 다른 사람의 부탁을 들어주는 일도 시간 낭비일 수 있다. 왜냐하면 그 부탁을 들어주기 위해 정작 내가 해야 할 중요한 일을 하지 못할 수 있기 때문이다. 그러므로 누군가 부탁하는 일을 어떻게 할 것인가에 대한 결정은 신중해야 한다. 피터 드러커는 "나는 지식노동자 가운데 직위나 담당 직무와 관계없이 업무 시간의 4분의 1이 되는 잡다한 비핵심적 업무들을 쓰레기통에 내다 버려서 문제가 된 사람을 한 명도 본 적이 없다."라고 하며 두려움을 버리고 과감하게 낭비 시간 제거를 주문하였다.

둘째, 내가 하지 않아도 되는 일이 있다. 시간을 분석해 보면 내가 직접 하지 않아도 되는 범주에 들어갈 수 있는 일이 있다. 그런 일들은 다른 사람에게 넘기면 된다. 흔히 사람들은 권한 위임을 내가 해야 할 중요한 일을 팀원에게 믿고 맡기는 리더십 개념으로 생각한다. 하지만 권한 위임의 본질은 내가 해야 할 중요한 일에 시간을 쏟기 위해 내가 굳이 하지 않아도 되는 일을 다른 사람에게 넘기는 것이다. 여기서 오해가 없어야 할 것은 업무를 떠넘기는 것이 아니라 그 일의 수행 책임을 조정하는 것이다.

셋째, 내가 하는 일 가운데 오히려 다른 사람의 시간을 빼앗는 일이 있다. 그 경우에도 답은 즉시 그 일을 그만두는 것이다. 구성원들이 필요성을 느끼지 않는 출근 직후 미팅 같은 일은 오히려 다른 사람의 시간을 빼앗는 일이 될 수 있다. 다만 이 경우는 자신의 시간 기록으로 판단할 수 없으므로 관련자에게 직접 물어보는 것이 현명하다. "혹시 내가 하는 일 가운데 너희의 시간을 빼앗을 일이 있어?"라고 선배 직원이 후배 직원에게 물어보면 아마 이렇게 답할 것이다. "선배님, 솔직히 말씀드려도 되겠습니까?"

지식노동자들은 반드시 이 3가지 문제 분석을 정기적으로 해야 한다. '할 일은 많고 시간은 없다.'라고 말할 것이 아니라, 지속적으로 시간 낭비 요소를 제거하면서 부족한 시간 문제를 해결해야 한다.

CHECK POINT

낭비 시간 제거 원칙

1. 전혀 필요 없는 일 → 당장 그만둔다. 또는 분명히 거절한다.
2. 내가 안 해도 되는 일 → 다른 사람에게 넘긴다.
3. 다른 사람의 시간을 빼앗는 일 → 당장 그만둔다.

필요한 시간을 만들어라

일에 관한 목표를 달성해야 하는 사람에게 필요한 것은 시간입니다.
당신은 중요한 일에 연속적으로 집중할 수 있는 충분한 시간을
잘 만들어 내고 있습니까?

불필요하거나 낭비가 되는 시간을 제거하고 나면 그만큼의 시간이 남게 된다. 쓸데없이 써 왔던 지출을 줄이면 그만큼의 돈이 남는 것과 같은 이치이다. 쓸데없는 곳에 지출한 돈을 줄여 남은 돈을 그때그때 써 버리면 의미가 없지만 모으면 목돈이 되어 꼭 필요한 곳에 쓸 수 있다. 시간 관리의 마지막 단계는 낭비 시간을 제거하고 남은 시간을 통합하여 그 시간에 내가 해야 할 중요한 일을 하는 것이다.

생각하면서 일하는 지식노동자에게 시간은 핵심 자원이다. 하지만 충분한 시간이 아니면 자원으로의 효용이 없을 수도 있다. 일에서 성과를 이루기 위해서는 방해받지 않고 일할 수 있을 만큼 길고 연속적인 시간이 필요하다. 지식노동자의 일은 상당히

긴 시간을 연속적이고 집중적으로 사용했을 때 비로소 성과를 내는 일이 많기 때문이다. 사용 가능 시간이 짧은 단위로 나뉘어 있으면 전체 시간의 양이 아무리 많아도 목적을 달성하기에는 충분하지 않다. 예를 들어 업무상 보고서를 작성할 때, 그 초안을 완성하는 데 7시간이 필요하다고 가정해 보자. 그 일을 하기 위해 하루에 1시간씩 7일간 진행해서는 만족스러운 결과를 내지 못할 것이다. 반면에 하루를 온전히 확보하여 방해받지 않고 초안 작성에만 집중한다면 보고서 초안을 질적으로 완성도 있게 작성할 수 있다.

시간을 연속적으로 사용하는 방법 가운데 하나는 일상 공간에서 벗어나 집중할 수 있는 장소에서 일하는 것이다. 물론 대다수 직장인은 이런 선택을 쉽게 할 수는 없을 것이다. 차선책은 이른 아침 시간을 이용하는 것이다. 중요한 일을 집에 가지고 와서 저녁 식사 후 3시간 동안 끙끙거리는 것보다 일찍 잠자리에 들고 아침에 일찍 일어나 출근 전 90분을 활용하는 것이 훨씬 효과적일 수 있다.

나는 아침 일찍 중요한 일에 집중하는 편이다. 개인적으로 집중이 잘되는 시간을 활용하면 짧은 시간에 많은 일을 할 수 있다. 정시에 출근해야 하는 직장인들은 중요한 업무를 다른 사람과의 업무적 관계가 적은 오전 시간에 집중하면 시간 관리가 더 효율적일 수 있다.

많은 시간을 조직 내 여러 사람과 상호작용하며 일하는 지식 노동자들이 방해받지 않고 일할 수 있는 연속된 시간을 확보하는 일은 쉬운 일이 아니다. 피터 드러커는 "생산적인 반나절 혹은 2주일의 시간을 손에 넣기 위해서는 엄격한 자기 관리가 필요하고 'No'라고 말할 수 있는 강철 같은 결심이 필요하다."라며 시간 관리의 핵심을 강조했다.

사회적으로 성공한 사람들은 모두 시간 관리에 성공했다. 이들은 자기 절제를 통해 중요한 일에 집중할 수 있는 시간을 만들고 원하는 결과를 이루었다. 성공한 사람들이 성취해 낸 위대한 결과는 이렇게 만들어진 것이다.

성과와 필요한 시간

• 당신에게 중요한 업무 성과와 필요한 시간을 정리해 보세요.

성과	시간	내용

중요한 일에 집중하라

당신은 일과 삶에서 중요한 일에 집중하고 있다고
자신 있게 말할 수 있습니까?

'중요한 일에 집중하라.'라는 말은 언제, 누가 처음으로 했을까?
이 말은 인생을 성공적으로 사는 지혜를 함축한 말이다. 성공을
위한 지혜가 많지만 중요한 일에 집중하는 것은 모든 성공의 핵
심이라고 해도 과언이 아니다. 이 말은 인생의 지혜이며, 또한 일
상에서 부딪히는 문제를 효과적으로 해결하는 데 도움이 되는
생활의 지혜이다. '지금 당장 무엇을 해야 하나?'를 고민하는 현
대인에게 필요한 답이기도 하다.

사람들이 중요한 일에 집중해야 하는 이유는 할 일은 많고
시간은 없기 때문이다. 시간이 더 많았으면 좋겠다는 생각이나
할 일이 좀 적었으면 좋겠다는 생각은 모두 비현실적이다. 어차
피 해야 할 일을 다 할 수 없다면 우선순위를 정해 중요한 일에

집중해야 한다. 그래야 그나마 앞으로 나아간다고 느낄 수 있을 것이다.

중요한 일에 집중해야 하는 또 한 가지 이유는 사람들은 대부분 두 가지 일은 고사하고 단 한 가지 일도 잘 해내지 못하기 때문이다. 피터 드러커는 "진정으로 인간은 놀라울 정도로 다양한 능력이 있다. 인간은 하나의 다목적 도구이다. 그러나 이러한 인간의 다양성을 생산적으로 활용하기 위해서는 여러 가지 능력을 하나의 중요한 과업에 집중시켜야만 한다."라고 했다.

사람들이 일하는 이유가 돈을 벌기 위한 것이라고 가정하자. 돈을 벌려면 고객에게 가치를 제공해야 한다. 가치를 제공하려면 고객이 만족할 정도의 질적 상품 또는 서비스를 제공해야 한다. 이를 위해서 일하는 사람은 목표를 세우고 에너지를 집중해야 한다. 솔직히 에너지를 집중해도 고객을 만족시키는 것이 쉽지 않다는 것을 우리는 잘 알고 있다. 하물며 집중하지 않고 만족스러운 결과를 낼 수는 없다. 결국 자기 능력을 하나의 성과, 즉 가치 있는 결과로 만들어 내는 힘은 집중이다. 그러나 집중력이 뛰어나다고 해서 모든 문제가 해결되는 것은 아니다. 가장 중요한 일에 집중해야 한다. 피터 드러커는 "사실 우선순위 결정은 그리 어려운 일이 아니다. 그것은 누구나 할 수 있다. 과업을 집중하여 추진하는 지식노동자가 그렇게도 적은 이유는 2차 순위, 즉 지금 당장 하지 않아도 될 과업을 결정하고 또 그것을 지키는 것이 어렵기 때문이다."라고 했다.

사람들은 지금 자신에게 중요한 일과 업무가 무엇인지 모르지 않는다. 또한 그 외에도 해야 할 일들이 자신을 방해한다는 것도 잘 알고 있다. 내 경우, 강의 전날에 내가 해야 할 중요한 일은 일찍 잠자리에 드는 것이다. 그래야만 좋은 컨디션으로 강의를 할 수 있다. 그런데 실제로는 그렇게 하지 못한다. 강의 이후에 할 일을 하기 일쑤고 오히려 더 늦게 자는 경우가 많다. 그래서 피터 드러커는 "우선순위 결정에 있어 몇 가지 중요한 법칙들을 결정하는 것은 분석이 아니라 용기이다."라고 말했다.

제2차 세계 대전 당시의 미국 백악관 참모인 해리 홉킨스는 큰 병으로 정상적으로 출근하여 일할 수 없었다. 그는 격일로 출근했고 그나마 출근한 날에도 온종일 일하지 못했다. 그런데 믿을 수 없는 사실은 그가 당시 가장 많은 일을 한 사람으로 평가받았다는 점이다. 그 이유는 바로 그가 가장 중요한 일에 집중했기 때문이다. 사실 시간 부족의 문제는 구조적으로 극복하기 어려운 문제이지만 노력한다면 정복할 수 있는 문제이기도 하다. 처칠은 해리 홉킨스를 '중요한 일만 처리하는 도사'라고 했다고 한다. 나의 목표 중 한 가지는 '중요한 일만 처리하는 달인'이라는 평가를 받는 것이다. 그러면 아마 지금보다는 훨씬 좋은 삶을 살고 있는 나를 만나게 될 것이다.

CHECK POINT

중요한 일 토너먼트

- 당장 해야 할 중요한 일 목록 8개를 적어 보고, 토너먼트 방식으로 비교하여 가장 먼저 해야 할 일을 정해 보세요.

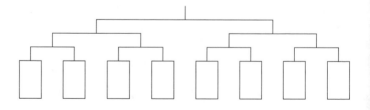

한 번에 한 가지 일만 하라

조직에서 일하는 사람을 일 잘하는 사람과 일 못하는 사람으로
나눈다면 당신은 어느 쪽에 속합니까?

일을 잘하는 사람이 많을까? 아니면 일을 못하는 사람이 많
을까? 이와 관련해서는 특별한 통계 자료가 없고 연구 결과도 없
다. 그러므로 주관적 판단을 전제로 주변을 살피면 정말 일을 잘
한다고 판단되는 사람은 많지 않아 보인다.

물론 조직 안에는 열심히 일하는 사람들이 많다. 그러나 열심
히 일하는 것과 일을 잘하는 것은 엄연히 다르다. 일을 잘하는
것은 목표 달성을 통해 가치 있는 결과를 창출하여 조직 성과에
공헌하는 것이다. 아무리 열심히 일하고 오랫동안 일한다고 하더
라도 가치 있는 성과를 내지 못한다면 결코 일을 잘하는 사람이
라고 볼 수 없다. 조직에는 매우 높은 수준의 지식을 가진 사람
이 많지만 전혀 성과를 내지 못하거나 엉뚱하게 일하고 있는 사

람이 적지 않다. 우수 직원을 선발하는 과정을 거쳤음에도 불구하고 기대에 미치지 못하는 사람들이 의외로 많이 있다.

일을 잘하는 사람과 못하는 사람의 차이는 무엇일까? 피터 드러커는 "성과를 내는 모든 사람의 공통점은 목표를 달성하는 습관적인 실행 능력을 갖추고 있다."라고 말했다. 결국 일을 잘하는 것은 지능, 상상력 또는 부지런함의 차이라기보다는 일하는 습관적 방식의 차이에 달려 있다는 의미이다. 실제로 성과를 내는 사람과 성과를 내지 못하는 사람, 즉 일을 잘하는 사람과 일을 못하는 사람은 업무적 습관에서 분명한 몇 가지 차이를 보인다.

첫째, 성과를 내지 못하는 사람은 어떤 일을 하는 데 필요한 시간을 과소평가한다. "그 일을 하는 데 2시간이면 돼."라고 말하지만 종일 일해도 결과를 만들지 못하는 경우가 허다하다. 그 이유는 그 일을 하는 데 실제로 걸리는 시간과 일의 속성을 잘 모르고 있기 때문이다. 그들은 늘 모든 일이 착착 진행될 것으로 기대한다. 그러나 아무런 문제도 없이 제대로 잘되는 일이란 거의 없다. 반면에 성과를 내는 사람은 그 일이 요구하는 시간을 알고 있고 실제 필요한 시간 이상으로 여유 있게 작업 일정을 잡는다. 만일 시간이 남으면 완료된 업무 결과의 질을 높이는 데 시간을 쓴다.

둘째, 성과를 내지 못하는 사람은 급하게 서두르는 경향이 있다. 언뜻 매우 적극적인 모습으로 보이지만 결과적으로 더 늦어지고 만다. 반면에 성과를 내는 사람은 시간과 경쟁하지 않는다. 동화 '토끼와 거북이'에서 거북이가 토끼와 경쟁하지 않은 것처럼 편안한 속도를 유지하면서 쉬지 않고 목표를 달성해 간다.

셋째, 성과를 내지 못하는 사람은 여러 가지 일을 동시에 추진하려 한다. 언뜻 혼자서 일을 다 하는 것처럼 분주해 보이지만 결과는 없다. 왜냐하면 어떤 일의 결과를 만드는 데 필요한 최소한의 시간을 할애하지 못했기 때문이다. 반면에 성과를 내는 사람은 한 번에 한 가지 일만 하고 중요한 일을 먼저 하는 데 에너지를 집중한다. 언뜻 없는 듯 조용히 일하지만 놀랄 정도로 많은 결과를 내놓는다. 성공한 CEO들은 절대로 다중 작업을 하지 않는다고 한다. 그들은 단지 10초가 되든 10분이 되든 자기 앞에 놓인 한 가지 일에 철저하게 집중한다.

"회사에서 일을 가장 잘하니까 사장이 되었습니다."라는 어느 사장의 말은 일과 성장의 관계를 잘 설명해 준다. 일을 잘하는 것이야말로 자신과 조직 모두에게 정말 좋은 일이다.

일을 잘하는 사람과 일을 못하는 사람

일을 잘하는 사람	일을 못하는 사람
– 실제 필요한 시간 이상으로 여유 있게 시간을 잡는다. – 시간과 경쟁하지 않는다. 편안한 속도를 유지하면서 나아간다. – 한 번에 한 가지 일을 하고 중요한 일을 먼저 하는 데 시간과 에너지를 집중한다.	– 어떤 일을 하는 데 필요한 시간을 과소평가한다. – 급히 서두르는 경향이 있다. 결과적으로 일이 더 늦어진다. – 여러 가지 일을 동시에 수행하려 한다. 그 결과 어느 일에도 최소한의 필요한 시간을 할애하지 못한다.

혁신이 답이다

원만한 상품과 서비스에 만족하지 않고
점점 높아지는 고객의 요구를 만족시킬 수 있는 방법은 무엇일까요?

세상이 온통 혁신을 부르짖고 있다. 조직의 교육에서도 '혁신'
이 붙은 교육 과정명이 제법 많다. 그만큼 혁신이 중요하기 때문
이겠지만 여기저기서 시도 때도 없이 혁신의 구호를 내세우다 보
니 오히려 무감각해진다. 마치 음식점 간판에 너도나도 원조를
붙여 사실상 구분이 안 되는 것과 비슷하다.

혁신이란 안정된 기존 질서를 깨뜨리고 새로운 세계관을 바탕
으로 새로운 질서와 가치를 만들어 내는 것이다. 말을 타고 달리
면서 '어떻게 하면 이 말이 더 빨리 달릴 수 있을까?'라고 생각
하는 것을 넘어 '더 빨리 이동하기 위한 다른 수단이 없을까?'라
고 생각하는 것이다.

왜 혁신이 중요한가? 혁신에 의한 생산성을 강조한 피터 드러

커는 "사람들이 누리는 높은 생활 수준은 경제의 혁신과 변화를 전제함으로써만 가능한 것이기 때문이다."라고 말했다. 오늘날 대다수 개인의 생활 수준은 높은 상태이다. 물론 상대적으로 빈곤감을 느끼고 있는 사람도 있겠지만 과거에 비해서 개인의 삶의 수준이 절대적으로 높아진 것이 사실이다. 그리고 사람들은 지금의 생활보다 훨씬 나아지는 것을 목표로 하고 있다. 현재의 생활을 유지하고 더 나은 상태가 되기 위해서는 더 많은 수입이 필요하다. 기름이 떨어지면 자동차가 움직임을 멈추듯이 수입이 없으면 사람들은 하루도 온전히 생활할 수 없다.

개인이 수입을 만들어 내기 위해서는 맡은 일에서 성과를 내야 하고 조직이 매출을 올리기 위해서는 고객이 요구하는 상품과 서비스를 제공해야 한다. 그런데 오늘날의 고객은 웬만한 상품과 서비스에 만족하지 않는다. 뒤집어 놓고 보면 우리 자신도 가치를 느끼지 않으면 물건이나 서비스를 구매하지 않는다. 그러므로 그저 열심히 일하고 단순히 결과를 만들어 낸다고 해서 매출과 이익을 만들어 낼 수는 없다. 어떤 영화감독이 많은 투자와 노력으로 영화를 만들었다고 해도 고객들이 그 가치를 인정하지 않으면 상영조차 할 수 없는 것이 현실이다. 결국 개인과 조직이 살아남기 위해서는 고객을 만족시킬 수 있는 가치를 만들어 내야 하고 점점 높아지는 고객의 요구를 만족시켜야 한다.

끝없이 올라가는 고객의 요구를 만족시키기 위해서는 지금보다 더 많은 시간을 투입해야 한다. 그러나 시간은 결코 늘릴 수 없는 자원이다. 결국 시간의 한계 상황을 극복할 수 있는 생산성을 만들어 내야 한다. 그것은 오직 혁신과 변화를 통해서만 가능하다. 피터 드러커는 제2차 세계 대전 후에 영국 경제가 침체한 이유는 구세대에 속하는 기업인들과 노동자들이 혁신과 변화를 안이하게 생각했고 짧은 시간밖에 일하지 않았기 때문이라고 지적했다.

나는 학교에 다닐 때 선진국 여성들이 일하는 이유를 자아실현의 욕구가 강하기 때문이라고 배웠다. 그러나 그것은 사실이 아니었다. 선진국의 다수 여성의 꿈은 전업주부(Full-time Mother)가 되는 것이라고 한다. 선진국의 생활 수준은 이미 높은 수준에 도달했기 때문에 사람들은 많은 수입이 필요해졌고 이를 충족시키기 위해 남편과 아내가 함께 일해야 했다. 사람들의 생활 수준이 점점 높아지고 있는 우리나라도 그 흐름을 따라가고 있다.

어떤 조직이 유지되고 있다는 것은 그만큼의 가치를 내고 있다는 것이다. 다만 오늘의 가치를 가지고 내일의 고객을 만족시킬 수는 없다는 사실을 잊지 말아야 한다.

CHECK POINT ──────────────────────────────

혁신의 필요성

- **현상**: 개인의 경제력과 생활 수준이 높아지고 상품과 서비스에 대한 요구 수준도 매우 높아진다.
- **해결책**: 고객의 높아진 요구를 만족시키기 위해 높은 품질의 상품과 서비스를 제공해야 한다. 이를 위해서는 더 높은 수준의 목표를 달성하기 위해 더 많은 일을 집중적으로 해야 한다.
- **한계**: 목표는 높아지고 할 일은 많아졌지만 시간 자원은 그대로이며 늘릴 수 없다.
- **결론**: 주어진 시간과 자원을 가지고 점점 높아지는 목표를 달성하기 위해서는 혁신적 방법으로 문제를 해결해야 한다.

혁신은 체계적 노력의 결과다

모자란 시간과 부족한 자원으로 높은 성과를 내기 위해서는
혁신적 노력이 필요합니다. 당신은 성공적 혁신으로
작업 성과와 생산성을 올린 경험이 있습니까?

　세상은 발전적 변화를 거듭하며 오늘과 다른 내일을 만들어 가고 있다. 지구의 자원은 한정적이며 그나마 고갈되고 있는데 어떻게 끝없이 발전해 가고 있는 것일까? 그것은 지식 자원의 힘 때문이다. 물적 자원으로 제품을 만들고 생산성을 올리는 세상에서 지식 자원을 활용하여 새로운 가치를 만들고 한계 없는 생산성을 올리는 세상이 된 것이다. 기업도 이러한 개념을 바탕으로 하는 지식 경영을 시작한 지 오래되었다. 개인도 마찬가지다. 개인이 맡은 일에서 주어진 시간 안에 고객을 만족시킬 수 있는 최고의 성과를 내기 위해서는 가지고 있는 지식 자원을 생산적으로 활용하여 전혀 새로운 작업 방식과 새로운 가치를 창출하려는 노력, 즉 혁신이 중요하다. 피터 드러커는 혁신이야말로 세

상 발전의 원동력임을 강조하며 혁신의 핵심 원칙을 정리하였다.

혁신적 결과를 만들기 위해서는 우연이나 번뜩이는 영감에 의한 결과를 기대하지 않는 것이 우선이다. 확률도 거의 없고 실제적 결과도 없는 우연보다는 올바른 분석에 바탕을 둔 체계적 접근이 더 중요하다. 실제로 성공적 혁신의 결과의 90%는 체계적 노력의 결과이다. 다음으로 중요한 것은 분명한 목적과 헌신적인 노력이다. 피터 드러커는 혁신을 위해 반드시 해야 할 일과 하지 말아야 할 일을 제시했다.

성공적 혁신을 위해서 반드시 해야 할 일은 5가지다. 첫째, 목적을 분명히 하고 혁신을 위한 기회의 원천을 분석한다. 피터 드러커는 혁신을 위한 기회의 원천을 7가지로 정리하고 있다(① 예상 못 한 사건 ② 양립할 수 없는 부조화 ③ 절차상의 필요 ④ 산업 및 시장의 변화 ⑤ 인구 통계의 변화 ⑥ 인식의 변화 ⑦ 새로운 지식). 자세한 내용은 『피터 드러커의 위대한 혁신Peter F. Drucker on Innovation』을 참고하라. 둘째, 직접 나가서 보고, 질문하고, 경청한다. 혁신의 방향을 정한 다음에는 반드시 현장에서 정보를 얻어야 한다. 셋째, 어느 한 가지에 초점을 맞춘다. 대다수 위대한 결과는 선택과 집중의 산물이다. 넷째, 작은 곳에 초점을 맞춘다. 작은 것에 초점을 맞출 때 진정으로 큰 결과를 얻을 수 있다. 이것이야말로 현장에서 일하고 있는 개인에게 혁신의 기회가 있음을 보여 준다. 다섯째, 혁신의 목표를 주도권을 잡는 데 둔다. 혁신적 아이디어를 통해 내가 무엇을 얻을 것인가를 분명히 하지 않으면 나와는 관계없는 일이 되어 버리고 만다. 혁신에 관한 최고의 찬사는 "나는 왜 진작 이런 생각을 못 했지?"라는 소리를 듣는 것이다.

성공적 혁신을 위해 하지 말아야 할 것 3가지가 있다. 첫째, 무조건 독창적인 것만을 하려고 해서는 안 된다. 너무 똑똑한 사람들만이 할 수 있는 어떤 것은 실패한다. 둘째, 한꺼번에 너무 많은 것을 시도해서는 안 된다. 여러 가지 일을 동시에 하면서 좋은 결과를 얻을 수는 없다. 셋째, 미래를 위한 혁신을 하려고 노력해서는 안 된다. 현재를 위해 혁신해야 한다. 10년 후 평가받을 수 있는 아이디어보다는 지금부터 영향을 주고 10년 후 꽃이 필 수 있는 아이디어가 좋은 아이디어이다.

오래전 이야기이다. 기업 교육 프로그램으로 '창의력계발과정'에 참여한 사람이 교육을 마친 후, "그나마 있었던 창의력마저 없어진 것 같다."라며 교육 프로그램을 혹평하는 말을 들은 적이 있다. 안개처럼 손에 잡히지 않는 창의력을 단기간에 계발하는 것보다는 혁신적 결과를 얻을 수 있는 원칙을 적용하는 노력을 집념과 책임감으로 성실하게 지속하는 것이 더 좋은 결과를 만들 수 있다.

개인이든 조직이든 "어제의 것을 지키는 것은 내일을 창조하는 일보다 더 큰 위험을 동반한다."라는 피터 드러커의 말을 잊지 말아야 할 것이다.

CHECK POINT

혁신 과제

• 당신의 일 중에 혁신적으로 해결해야 할 과제는 무엇입니까?

• 위의 과제를 혁신적으로 해결하고 있지 못한 이유는 무엇일까요?

5. 환경 관리 역량

작업 환경을 점검하라

질적 목표를 달성해야 하는 지식노동자에게 집중은
일에서 성과를 이루기 위한 핵심 요소입니다.
당신은 집중할 수 있는 작업 환경을 유지하고 있습니까?

일하는 사람으로서 가장 큰 고민은 할 일은 많은데 시간이 없다는 것이다. 이유야 어찌 됐든 그것은 우리가 늘 부딪히고 있는 현실이다. 그러나 시간이 없다는 사실이 일을 제대로 할 수 없는 이유나 핑계가 될 수는 없다. 약속 시간에 나의 작업 결과물을 기다리는 고객을 만족시키지 못한다면 내 수고에 대한 보상도 사라질 것이다. 결국 주어진 시간 안에 가치 있는 결과를 내야 하며 막연히 최선을 다하는 것만으로 평가받을 수 없다. 반드시 고객을 만족시키는 결과, 즉 성과를 내야 한다. 그러기 위해서는 자신이 가지고 있는 것을 최대한 생산적으로 활용하여 가능한 한 최고 수준의 결과를 내야 한다. 최근 생산적으로 일할 수 있는 다양한 애플리케이션이 등장하고 있지만 핵심은 집중이다.

피터 드러커는 "집중은 지식노동자가 시간과 사건들의 종노릇하는 대신 그것들의 주인이 될 수 있는 유일한 방법이다."라고 말했다. 그런데 집중은 마음먹는다고 잘되는 일은 아니다. 집중력의 차이는 사람 간 차이의 결정적인 요소이다. 학창 시절 공부할 때 가장 중요했던 것은 집중력이었다. 학생이었을 때야 집중 문제를 스스로 해결하기가 쉽지 않아 주변 도움을 받을 수 있었지만 자기 삶을 책임져야 하는 성인에게 집중은 자신의 의지와 노력으로 해결해야 할 문제이다.

마음을 독하게 먹고 자리에 앉지만 집중하지 못하고 결과를 내지 못하는 이유는 무엇일까? 그 이유는 다양하겠지만 무엇보다도 의지에 영향을 주는 환경의 문제가 제일 크다. 물론 심리적인 요소 역시 큰 영향 요소이지만 오히려 환경은 심리에 영향을 준다. 작업에 집중하기 위해서는 우선 집중할 수 있는 환경을 만들어야 한다.

집중할 수 있는 작업 환경의 첫 번째 요소는 깨끗한 작업 공간이다. 책상 등 작업 공간이 깨끗하지 않으면 집중하기 어렵다. 물론 극한 상황에서는 그런 것들이 문제가 되지 않을 수 있다. 하지만 일반적인 상황에서는 집중력을 떨어뜨리는 요소가 된다.

어지러울 정도로 정리가 안 된 책상에서 최고의 집중력을 기대하기 어렵다.

두 번째는 정보 환경이다. 지식노동자로서 일을 하다 보면 많은 정보가 필요하다. 그리고 그때그때 필요한 정보를 신속하게 찾을 수 있어야 한다. 정보를 찾는 데 시간과 에너지를 다 소비해 버리면 큰 낭패를 볼 수 있다. 그러므로 일정 시간 집중하기 위해서는 언제든지 정보를 끄집어낼 수 있는 정보 관리 시스템이 필요하다. 최근에는 인터넷 자체가 정보 베이스라 할 수 있지만 내가 원하는 모든 정보를 얻을 수는 없다. 그러므로 온라인이든 오프라인이든 필요한 정보를 즉시 인출할 수 있는 정보 관리 체계를 갖추고 있어야만 한다.

세 번째는 일정 시간 이상 연속적으로 쓸 수 있는 시간과 공간이 있어야 한다. 웬만한 일은 어느 정도의 시간 동안 집중하지 않으면 결과를 낼 수 없다. 그러므로 중간에 방해받지 않고 일할 수 있는 시간과 공간을 마련해야 한다.

결론적으로 성과를 내기 위해서는 집중할 수 있는 환경, 즉 깨끗한 작업 공간, 즉시 인출 가능한 정보 시스템, 방해받지 않고 일할 수 있는 시간과 공간이 필요하다. 이런 환경을 갖추는 일은 전적으로 지식노동자 자신의 책임이다. 최적의 작업 환경을 만들어 줄 수 있는 유일한 사람은 자기 자신뿐이기 때문이다.

CHECK POINT

당신은 집중할 수 있는 작업 환경을 유지하고 있습니까?

☐ 항상 그렇다.

☐ 그럴 때도 있지만, 그렇지 못할 때도 많다.

☐ 거의 그렇지 않다.

• 집중할 수 있는 환경을 유지하지 못한다면 그 이유는 무엇일까요?

깨끗한 책상은 깨끗한 마음이다

책상의 상태는 자신의 머릿속 모습과 같다고 합니다.
당신은 정리가 안 된 복잡한 책상 때문에
짜증이 나거나 문제가 된 적이 있습니까?

'과민성 책상 증후군'이란 말이 있다. 복잡한 책상에서 나쁜 자세로 장시간 동안 앉아 있으면 정신적, 신체적 통증을 느끼는 증상으로 일본의 경우 사무직 근로자의 67%가 이러한 증상을 가지고 있는 것으로 조사된 바 있다. 전문가들은 이러한 과민성 책상 증후군을 방치하면 만성 질환이 되어 집중력이 떨어지거나 건강이 나빠질 수 있다고 경고한다.

높이 쌓인 서류 더미, 읽지 않는 책과 잡지, 여기저기 붙어 있는 메모 용지, 무질서하게 흩어져 있는 사무용품들, 그리고 조그만 액자까지 복잡하게 놓여 있는 책상은 보는 사람마저 짜증 나게 한다. 책상이 이렇게 복잡한 공간이 된 이유는 무엇일까? 그이유는 의외로 간단하다. 필요해서 가져다 쓴 물건이나 자료를 다시 제자리에 갖다 놓지 않기 때문이다. 문제는 복잡한 환경이 일의 흐름을 막고 의욕을 꺾으며 삶을 불만스럽게 만든다는 것이다. 그 결과 정작 중요한 일에 집중하지 못하거나 할 일을 미루게 된다. 그렇게 자신에게 중요한 일을 미루는 순간부터 일과 삶은 꼬이기 시작한다. 카오스 이론의 나비 효과처럼 종이 한 장을 버리거나 제자리에 갖다 놓는 수고를 아끼지 않는 작은 행동이 당신의 인생을 바꿀 수 있다.

개인용 PC를 새로 사면 모든 기능이 빠르게 잘 돌아간다. 그러나 각종 소프트웨어를 설치하고 일을 하다 보면 갈수록 작업한 파일이 늘어나고 알 수 없는 파일들이 남게 되면서 점차 PC의 속도가 느려진다. 결국 PC 사용에 불편함을 느끼는 상황에까지 이르게 된다. 이쯤 되면 필요한 파일을 백업해 놓고 새로 포맷해야 한다. 작업 공간도 마찬가지다. 짜증이 나거나 집중력을 방해하는 상황이 되면 새로 포맷해야 한다.

작업 환경을 포맷하기 위해서는 모든 관리의 첫 단계인 불필요한 것을 버리는 일부터 시작해야 한다. 잘 살펴보면 고장이 나거나 전혀 쓸 수 없는 물건과 1년이 넘도록 한 번도 사용하지 않은 자료 등 버릴 것이 꽤 많다. 책상에는 PC나 전화기처럼 고정적으로 자리해야 하는 것을 제외하고는 아무것도 없는 것이 이상적이다. 흔히 필기구 등을 담는 통을 책상 위에 놓고 쓰고 있지만 그것도 책상 서랍 등 별도 보관 장소에 옮기는 것이 좋다. 물론 일을 할 때 필요한 자료와 도구는 책상 위에 올려놓고 써야 하지만 업무가 종료되면 반드시 제자리에 갖다 놓아야 한다. 퇴근 시에는 책상 위에 아무것도 없이 깨끗한 상태가 돼야 한다. 퇴근 전에 책상을 정리하면 작업 상황을 확인할 수 있고 업무 관련 실수를 막을 수 있다. 그러면 가벼운 마음으로 퇴근할 수 있다.

현대 조직에서 일하는 사람들 대부분은 지식을 활용해서 일하는 지식노동자이다. 지식노동자가 하는 일은 대부분 질적 목표를 달성하는 일이기 때문에 늘 할 일은 많고 시간은 없는 형편이다. 그러므로 목표를 달성하기 위해서는 작업에 필요한 시간을 만들고 그 시간에 가장 중요한 일을 집중적으로 해야 한다. 집중할 수 있는 작업 환경을 만드는 것은 높은 성과를 내는 효과적인 지식노동자가 되기 위한 필요조건이다.

복잡한 책상 효과

```
┌─────────────────────────────────────┐
│         제자리에 갖다 놓기를 미룸          │
└─────────────────────────────────────┘
                  ▼
┌─────────────────────────────────────┐
│           작업 환경이 복잡해짐            │
└─────────────────────────────────────┘
                  ▼
┌─────────────────────────────────────┐
│        집중이 안 되고 의욕이 없어짐        │
└─────────────────────────────────────┘
                  ▼
┌─────────────────────────────────────┐
│            중요한 일을 미룸              │
└─────────────────────────────────────┘
                  ▼
┌─────────────────────────────────────┐
│           인생의 흐름이 바뀜             │
└─────────────────────────────────────┘
```

버려야 산다

'버리면 벌 받는다.'라는 생각은 이제 버려야 할 생각입니다.
당신은 불필요한 사물을 버리지 않아 문제가 되거나
어려움을 겪은 경험이 있습니까?

작업 공간을 깨끗이 하기 위한 첫 번째 행동은 버리는 것이다. 책상을 정리하든 창고를 정리하든 가장 먼저 해야 할 일은 불필요한 것을 버리는 것이다. 그런데 우리는 버리는 것에 대해 마음이 편치 않다. 음식을 남겨 버리거나 쓸 수 있는 물건을 버리면 왠지 벌을 받을 것 같은 생각에 마음이 불편하다. 오랜 기간 우리의 삶에 깊숙하게 영향을 주어 왔던, '버리면 벌 받는다.'라는 생각 때문일 것이다. 이제 그 생각을 버려야 할 때이다.

언젠가부터 물건과 지식이 쏟아지기 시작했고 그로 인해 감당할 수 없을 만큼 복잡해진 환경은 우리의 삶을 지치게 하고 있다. 끝없이 늘어나는 물건과 자료들을 버리지 않으면 아마 그것들에 깔려 숨도 못 쉬는 지경이 올 수도 있다. 끝없이 나오는 쓰레기를 버리지 않는다고 가정해 보자. 쓰레기는 대부분 보기도 좋지 않고 냄새도 나기 때문에 금방 처리한다. 하지만 눈에 보이지 않고 냄새도 나지 않는 쓰레기는 버려지지 않고 있다. 상태는 멀쩡하지만 전혀 쓸 가능성이 없는 불필요한 것이라면 그게 무엇이든 쓰레기에 불과하다. 쓰레기를 버리면 환경이 깨끗해지듯 주변에 불필요한 물건과 자료를 버리면 깨끗하고 집중할 수 있는 환경이 만들어진다. 그러므로 버리는 활동은 삶을 효과적으로 살아가기 위한 가장 기본적이고 중요한 노력이다. 버리기를 행동으로 옮기기에 앞서서 가장 먼저 할 일은 버리기 목록을 만드는 것이다. 버리기 목록은 크게 회사 등의 작업 공간에서 버릴 것, 휴대폰을 포함한 PC에서 버릴 것, 집에서 버릴 것 등으로 구분할 수 있다.

회사의 책상과 작업 공간에 버릴 것이 하나도 없는 사람은 없다. 사무실에서 불필요하거나 오랫동안 쓰지 않아 공간만 차지하고 있는 것들은 과감하게 버려야 한다. 여기저기 산만하게 붙어 있는 빛바랜 포스트잇, 읽지도 않는 책, 언제부터 쌓여 있었는지 알 수 없는 자료들, 해 지난 다이어리, 이제 사용하지 않는 CD, 잘 나오지 않는 볼펜, 기억나지 않는 다량의 명함과 서랍 구석에 있는 잡동사니가 그것이다.

PC를 켜는 순간 자료가 쏟아지는 느낌을 받는다면 버려야 할 것이 많다는 신호다. 필요하지도 않고 사용 방법도 모르는 각종 소프트웨어, 저장한 이후에 한 번도 본 적이 없는 사진 파일, 용량만 차지하고 있는 동영상 파일 등은 PC 휴지통에 넣어야 한다. 인터넷을 잘 활용하기 위해서도 버리는 것이 중요하다. 어디가 끝인지 알기 어려운 이메일, 어느새 목록의 끝이 한눈에 보이지 않는 즐겨찾기 목록, 이곳저곳(블로그, 카페, 페이스북 등)에 올려 놓은 자료들은 우리의 삶을 공격하는 적군이 될 수 있다.

집에도 버릴 것은 많다. 안 입는 옷도 많고 신은 지 오래된 신발도 있다. 읽을 가능성이 없는 책도 있고 고장 난 물건이나 사용하지 않는 덩치 큰 물건들도 많다. 냉장고에는 유통 기한을 넘긴 음식도 있고 어떤 음식이 들어 있는지 모를 반찬 용기들이 구석구석 숨어 있다. 싱크대 선반에는 쓰지 않는 그릇이 쌓여 있고 한번 쓰고 처박아 둔 잡동사니는 왜 그리도 많은지 모른다. 집 안은 물론 자동차 안도 마찬가지이다. 버려야 할 물건들은 우리가 살면서 사용하는 공간 여기저기에 가득 차 있다. 효과적 삶을 살기 위해서는 집중해서 작업할 수 있는 공간이 있어야 한다.

버리기 목록을 기록한 다음에는 미련 없이 버리면 된다. 버리면 우선 새롭게 사용할 수 있는 공간이 생긴다. 더불어 우리 머릿속도 깨끗해진다. '있는지, 없는지' 상태에서 벗어나게 되어 중복되거나 낭비하는 일도 줄어들 것이다. 피터 드러커의 말처럼 어제를 버리는 일이야말로 효과적 내일을 만드는 최우선 과제이다.

CHECK POINT

버리기 목록

구분	내용
회사	
PC / 스마트폰	
집	

지식 관리는 기본이다

현대 조직에서 일하는 사람은
지식을 활용하여 목표를 달성하는 지식노동자입니다.
당신은 필요할 때, 즉시 지식을 끄집어낼 수 있는
지식 관리 시스템을 가지고 있습니까?

지식 사회는 지식이 핵심 자원인 시대를 말한다. 지식 사회를 살면서 다행스러운 일은 성과의 원재료인 다양한 종류의 지식이 넘쳐난다는 사실이다. 최근에는 유튜브와 같이 전 세계의 영상 자료까지 쏟아지고 있다. 다만 '구슬이 서 말이라도 꿰어야 보배'란 말이 있듯이 지식을 잘 활용하여 성과에 연결하지 못하면 그림의 떡을 보는 신세가 된다. 그러므로 높은 성과를 내는 효과적인 지식노동자가 되기 위해서는 잠자는 지식을 필요할 때 깨워 활용할 수 있어야 한다.

현대인은 누구나 많은 양의 지식을 가지고 있다. 학교에서 배운 지식도 있고 일하면서 경험한 지식도 있다. 거기에 더하여 언제든지 끄집어낼 수 있는 인터넷 지식을 다 가지고 있다고 해도 틀린 말은 아닐 것이다. 하지만 아무리 많은 양의 지식이라도 여기저기 산만하게 흩어져 있고 필요할 때 활용할 수 있는 지식이 아니라면 의미가 없다. 어떤 일을 수행하는 데 필요한 지식이 머릿속에 다 있으면 쉽게 일할 수 있지만 그것은 불가능한 일이다. 결국 자신에게 필요한 지식 자원을 잘 관리해야만 일을 잘할 수 있다. 그러므로 지식노동자에게 지식 관리는 핵심 역량이다.

오래전 얘기지만 어떤 이는 자신이 수집한 자료가 넘쳐 아파트 한 채를 새로 준비했다고 한다. 지식 관리의 극단적인 예이다. 한편 어떤 이는 "뭐 좋은 정보 없습니까?"라고 한다. 목표가 없는 상태에서 지식은 가치를 가질 수 없다. 좋은 지식이란 자신에게 꼭 필요한 지식이다. 그러므로 지식을 관리하기 위한 첫 번째 단계는 자신에게 필요한 지식이 무엇인지를 명확히 하는 것이다. 두 번째 단계는 자신에게 필요한 지식이 어디에 있는지를 아는 것이다. 그러고 나서 주기적이고 습관적으로 필요한 지식을 수집해야 한다. 당장 일을 진행해야 하고 빠른 기간 안에 일을 마무리해야 할 경우, 그 시점에 지식을 수집하기 시작하면 이미 늦은 때이다.

지식을 잘 활용하기 위해서는 지식 검색 프로그램을 사용하는 능력 또한 중요하다. PC 하드에 폴더를 만들어 관리하거나 인터넷 블로그와 카페 등 클라우드 기반 플랫폼을 이용하면 지식을 쉽고 유용하게 관리할 수 있다. 특히 빠르게 발달하는 기술에 기반한 작업 생산성 도구를 지식 관리 시스템으로 활용하는 것도 효과적이다. 최근에는 AI 기반 지식 생성 도구가 역사적으로 유례없이 빠른 속도로 발전하고 있다.

지식의 활용 측면에서 보면 PC를 이용한 지식 관리만으로는 충분하지 않을 수 있다. 상황에 따라서, 또는 사람에 따라서는 인쇄물로 내용을 볼 수 있는 전통적 시스템이 더 효과적일 수도 있다. 오프라인에서 활용할 수 있는 다양한 지식 관리 시스템이 있지만 그중 나의 경험상 가장 유용한 것은 3공 바인더이다. 3공 바인더는 낱장으로 된 클리어 파일을 넣고 빼는 방식이기 때문에 쉽게 순서를 바꾸거나 불필요한 자료를 버릴 수 있어 지식을 모듈화하여 융통성 있게 관리할 수 있다.

지식노동자로서 불필요한 물건 버리기를 통해 깨끗한 작업 공간을 만들었다면 자신에게 중요한 지식이 무엇인지를 분명히 해야 한다. 그리고 그 지식을 수집하고 관리해야 한다. 지식 사회에서 체계적으로 지식을 관리하는 역량은 효과적인 지식노동자가 되기 위한 필요조건이다.

CHECK POINT

당신에게 필요한 지식 범주를 적어 보세요.

☐

☐

☐

지식 관리 시스템을 만들자

일상에서 만나는 정보가 효과적인 지식이 되기 위해서는
평소 지식 관리가 중요합니다.
당신은 잘 작동하는 지식 관리 시스템을 유지하고 있습니까?

마치 폭우처럼 쏟아지는 정보를 활용하기 위해서는 평소 지식 관리 시스템을 유지해야 한다. 이미 많은 사람이 나름의 지식 관리 체계를 구축하고 있지만 더 생산적인 시스템을 만들기 위해서는 집중적으로 시간을 투자해 지속 개선 시스템으로 재탄생시켜야 한다.

효과적인 지식 관리 시스템을 구축하기 위해 첫 번째로 할 일은 자신에게 필요한 지식이 무엇인가를 명확히 하는 것이다. 자기 일과 삶에서 달성해야 할 목표를 분명히 설정하면 자신에게 필요한 지식이 무엇인지 분명해진다. 그다음 자신에게 필요한 지식을 포괄적 문장으로 기술하고 구체적 정보 영역을 정리해야 한다.

두 번째, 자신에게 필요한 정보와 지식의 출처를 파악한다. 예를 들면 인터넷의 다양한 사이트, 커뮤니티 또는 모임, 유튜브 채널 또는 방송 프로그램, 도서, 정기 간행물, 전문가 등이 그 출처일 수 있다. 정보 출처는 가능한 한 구체적으로 정리해야 관리 효율이 높아진다.

세 번째, 정기적이고 습관적으로 정보 출처에 접근하여 정보를 수집한다. 할 일의 성격에 따라서는 정보 수집을 위한 계획적 노력이 필요할 수 있지만 평소 정보 출처에 접근했을 때 습관적으로 자신에게 필요한 정보를 수집하는 게 효율적이다. 다만 꼭 필요한 정보인지 신중하게 판단해야 한다.

네 번째, 수집한 정보를 분류한다. 즉, 당장 활용할 수 있는 정보가 아니라면 어느 곳에 보관할 것인지를 결정한다. 이를 위해서는 사전에 정보 분류 시스템, 즉 PC상의 폴더 또는 오프라인으로 활용할 수 있는 파일이 준비되어 있어야 한다.

다섯 번째, 지속하여 정보를 관리하고 평가한다. 정보 관리의 핵심적 과제는 불필요한 정보를 버리는 것이다. 그렇게 해야 필요할 때 정보를 찾아 활용할 수 있다. 하지만 평가 활동을 지속하는 것은 현실적으로 쉽지 않다. 그래서 나는 필요에 따라 파일에 접근할 때에 그 파일 안에 있는 내용을 살펴보고 버리거나 필요한 정리를 한다.

마지막 단계는 정보의 활용이다. 정보의 활용은 지식 관리의 궁극적 목적이다. 아무리 정보가 많고 정보를 체계적으로 관리하고 있다 하더라도 필요한 때에 활용하지 못하면 시간을 낭비하는 셈이 된다. 그러므로 수집한 정보를 어디에 활용할 것인지를 분명하게 정리해 놓아야 한다.

피터 드러커는 "지식이란 성과를 내는 데 필요한 정보이다."라고 말한 바 있다. 지식노동자로서 목표를 달성하고 성과를 이루기 위해서는 반드시 지식이 필요하다. 지식은 정보의 거듭난 모습이고 지식 관리는 정보를 활용하기 위한 기초 공사이다.

지식 관리 시스템 구축 프로세스

나에게 필요한 지식 정의

▼

정보 출처 확인

▼

지속적 정보 수집

▼

정보의 분류

▼

정보 관리 및 평가

▼

정보의 활용

6. 원칙 활용 역량

효과적인 지식노동자에겐 원칙이 있다

할 일이 많은 사람에게 작업 원칙은
정확하고 빠르게 일하는 데 도움을 주어 작업 생산성을 올려 줍니다.
당신은 정리해 놓은 작업 원칙이 있습니까?

현대 조직에서 일하는 사람의 가장 큰 고민은 '고민'을 해야 한다는 것이다. 게다가 그 고민의 결과에 대해 책임져야 하기 때문에 무거운 짐을 지고 사는 형편이다. 하지만 고민하지 않고 해결할 수 있는 문제는 별로 없다. 더 높은 수준의 서비스와 상품을 요구하는 고객을 만족시키기 위해서는 끊임없이 고민해야 한다. 그러한 고민이 바로 작업 혁신의 원동력이 된다. 그러므로 이왕이면 더 잘 생각하고 더 잘 결정하고 더 잘 행동하여 더 높은 성과를 내는 선순환 흐름을 만들어야 한다.

효과적인 지식노동자의 특징 중 하나는 큰 고민 없이 문제를 풀 수 있는 작업 원칙을 가지고 있다는 것이다. 작업 원칙이 있는 것과 없는 것이 지식노동자 사이의 차이를 만든다. 고민의 시간을 줄이면서도 더 높은 수준의 결과를 만들기 위해서는 작업 원칙이 필요하다. 일을 통한 경험과 학습 활동을 통해 축적한 작업 원칙은 시간 낭비 없는 작업의 효율성을 만들어 준다. '보고서의 기본 틀을 어떻게 할 것인가?' 등의 문제는 정해진 틀이 있으면 고민할 필요가 없다. 성과를 내지 못하는 사람들은 보고서 형식의 문제에 시간과 에너지를 다 써 버려 정작 내용을 충실하게 만들지 못하는 어리석음을 보인다. '어느 업체를 결정할 것인가?' 같은 큰 문제도 의사결정 원칙이 있으면 신속하면서도 올바른 의사결정을 할 수 있다. 이것이 높은 지위에 있는 사람들이 중요한 일을 많이 해낼 수 있는 비결이기도 하다.

피터 드러커는 잘 관리되고 있는 조직은 언뜻 보기에 무척 따분해 보인다고 했다. 그 조직이 발전하며 집적해 온 문제 해결 원칙, 즉 시스템에 의해 착착 진행되기 때문이다. 개인적 수준에서 일을 할 때도 마찬가지다. 진짜 일을 잘하는 사람들은 소리 없이 일하며 수준 높은 결과물을 많이 만들어 낸다. 피터 드러커의 저서에는 효과적인 지식노동자들이 가지고 있는 특징들이 보물처럼 흩어져 숨어 있다. 이러한 내용은 일을 잘하는 사람의 작업 원칙이고 보통의 사람들과 구별되는 작업 습관이다.

나는 계속해서 작업 원칙을 만들어 가고 있다. 다음은 몇 가지 예이다. 일의 목표 수준을 높이 정한다. 해야 할 일을 미리 해놓는다. 한 번에 한 가지 일만 수행한다. 작업 마감 시간을 정한다. 새로운 작업을 시작할 때는 3공 바인더를 준비한다. 작업 종료 후에는 피드백 분석을 한다. 자기 전 아침에 일어나서 할 일을 정한다. 일을 시작하기 전 15분은 정리 정돈을 한다. 자투리 시간에는 불필요한 물건과 자료를 버린다. 내가 할 필요가 없는 일은 다른 사람에게 맡긴다. 협상 시에는 첫 번째 미팅에서 결정하지 않는다. 사람을 뽑을 때는 두 사람 중 누구를 뽑을지 판단하기 어려운 상황까지 만든다 등이다.

자기계발 관련 교육이나 도서에는 인생 사명 선언서 만들기에 관한 내용이 있다. 인생 사명서는 자기 삶의 가치를 중심으로 인생 원칙을 정하는 것으로 목적이 분명하고 효과적인 삶을 살기 위해서 꼭 필요한 내용이다. 그러나 그것만으로 성공하는 인생을 완성할 수는 없다. 거기에 더불어 오늘을 살아가는 원칙 그리고 해야 할 일을 어떻게 수행해 갈 것인가에 대한 작업 원칙이 있어야 한다. 그러면 오늘과 내일이 모두 승리하는 날이 될 것이다.

당신은 작업 원칙을 바탕으로 일하고 있습니까?

☐ 정리된 작업 원칙을 바탕으로 일하고 있다.

☐ 작업 원칙은 있지만 정리하지 않았다.

☐ 작업 원칙은 없고 그때그때 고민하며 일한다.

• 당신의 작업 원칙을 적어 보세요.

_____

_____

_____

의사결정은 목표 달성 과정이다

의사결정은 의사를 결정하는 단계만이 아니라
목표를 달성하고 성과를 이루어 가는 과정 전체를 의미합니다.
당신은 의사결정을 하고 그 결과를 확인해 왔습니까?

일하다 보면 힘들다고 느낄 때가 있지만 그중에서도 어려운 일은 주어진 과제를 어떻게 해결해야 할 것인가에 대한 올바른 답을 찾아야 할 때이다. 단순한 일을 시키는 대로 하는 경우가 아니라면 문제 해결의 책임은 일하는 사람의 몫이다. 그러다 보니 해야 할 일들은 온통 무엇을 어떻게 해야 할 것인가에 대한 고민 덩어리이다. 특히 반드시 성공해야 하는 중요한 과제를 수행해야 하는 경우라면 고민의 무게가 더 무거울 수밖에 없다. 일하는 사람들은 올바른 의사결정을 하지 못하면 그동안의 수고와 노력이 아무런 가치 없이 사라질 수 있다는 것을 잘 알고 있기 때문이다. 그러므로 무엇을 어떻게 할 것인가에 대한 고민을 줄이는 방법은 의사결정의 원칙을 정확하게 이해하는 것이다.

지식노동자의 생산성 향상에 집중한 피터 드러커는 지식노동자가 알고 있어야 할 기본 지식으로 효과적 의사결정 방법을 다섯 단계로 정리했다. 첫 번째, 문제의 종류를 파악한다. 해결해야 할 문제가 자주 발생하는 일반적 문제인지 개별적으로 대처해야 할 예외적이고 특수한 문제인지를 구별하는 것이다. 일반적인 문제라면 정한 원칙에 따라 해결하면 된다. 예외적이고 특수한 문제라면 상황에 맞는 창의적인 해결책을 찾아야 한다. 다만 현실 세계에서 예외적인 문제는 극소수이다.

　두 번째, 의사결정의 조건을 확인한다. 의사결정을 하는 목적을 분명히 하고 의사결정을 통해 반드시 얻어야 하는 것과 결코 잃어서는 안 되는 조건을 결정하는 것이다. 이러한 조건이 분명하지 않으면 의사결정의 성과를 판단할 수 있는 근거가 없으므로 의사결정 과정은 공허한 노력으로 끝날 수 있다.

　세 번째, 올바른 의사결정을 한다. 올바른 의사결정을 하기 위해서는 다양한 해결책 목록과 기준을 바탕으로 판단해야 한다. 한 가지 해결안을 놓고 Yes, 또는 No를 결정하는 것은 올바른 판단이라고 할 수 없다. 몇 가지 대안이 있을 때 비로소 진정 무엇이 문제인지를 확인하고 올바르게 판단할 수 있다.

네 번째, 의사결정 내용을 행동으로 전환한다. 의사결정이란 판단하고 선택함으로써 끝나는 것이 아니다. 의사결정 내용이 행동으로 이어지지 않으면 그 어떤 것도 결정된 것이라고 볼 수 없으며 그저 하나의 좋은 의도로 그치고 말 것이다. 그러므로 해결책을 선택하는 의사결정의 단계에 행동 계획을 포함해야 한다.

다섯 번째, 피드백 분석을 의사결정 과정에 포함한다. 피드백 분석은 의사결정을 통해 달성하고자 하는 기대 수준과 실제 활동 결과를 지속적으로 비교하는 것이다. 그 결과를 바탕으로 의사결정 사항을 수정할 수 있다. 피드백 분석을 하기 위한 최선의 활동은 직접 현장에 가서 눈으로 확인하는 것이다.

의사결정은 의사를 결정하는 단계만을 의미하지 않는다. 의사결정을 통해 목표하는 성과를 내는 전체 과정을 의미한다. 그러므로 의사결정은 문제 해결 프로세스이다.

의사결정 프로세스

문제의 유형 파악
(일반적 문제인가, 특수한 문제인가)

▼

의사결정 조건 확인
(기대하는 결과와 잃어서는 안 되는 조건)

▼

의사결정
(다수의 해결책과 기준을 바탕으로 판단)

▼

행동으로 전환
(신속하게 실행)

▼

피드백 분석 및 수정
(의사결정으로 인한 결과 평가)

의사결정은 의견이다

사람들은 자신이 원하는 쪽으로 의사결정이 이루어지길 희망합니다.
당신은 자신이 원하는 쪽으로 의사결정을 하기 위한
사실적 정보를 찾는 데 실패한 적이 있습니까?

의사결정이란 말은 높은 직급을 가진 사람들이 하는 특별한 결정 같은 느낌을 주지만 사실은 누구나 늘 실행하는 일이다. 중국 음식을 시킬 때면 짜장면을 먹을 것인지 짬뽕을 먹을 것인지 늘 고민스럽다. 하지만 그 정도 고민은 원칙을 정하면 가볍게 해결된다. 혹은 정한 원칙을 지키지 않아도 문제 될 것은 없다. 그러나 반도체 사업에 투자할 것인가 자동차 사업에 투자할 것인가를 결정하는 것은 결코 가벼운 문제가 아니다.

크든 작든 의사결정은 현대 사회에서 일하는 모든 사람이 해야 할 일이다. 자신의 성과에 대한 책임을 스스로 져야 하는 지식노동자로서 일한다는 것은 끊임없이 의사결정을 하는 과정에 놓여 있다고 할 수 있다. 그럼에도 우리는 의사결정에 관한 기본 원칙을 잘 알고 있지 못하거나 또는 잘못 알고 있는 내용이 많다.

옳은 것과 옳지 않은 것 중 하나를 고르는 의사결정은 고민거리가 아니다. 문제는 거의 올바른 것과 거의 잘못된 것 사이, 즉 어느 쪽이 더 낫다고 말할 수 없는 두 가지 중에서 선택할 때이다. 그런 경우 선뜻 의사결정을 하기 어렵기 때문에 사람들은 판단에 근거가 되는 사실 관련 정보를 모으려고 한다. 왜냐하면 대부분의 사람들이 '올바른 의사결정은 사실을 바탕으로 판단하는 것이다.'라고 생각하기 때문이다. 하지만 이것은 잘못된 인식이다. 잘 따져 보면 대개 우리가 사실이라고 믿는 정보가 정말로 사실인지 알 수가 없다. 대개 사람들은 '이럴 것이다.'라는 자신의 주관적 의견에서 사고를 시작한다. 그리고 거기에 맞는 사실을 찾아 자신의 의견이 옳다는 것을 입증하려고 한다. 결과적으로 자신이 찾고자 하는 사실을 찾는 데 실패하는 사람은 없다.

의사결정 과정에서 중요한 것은 의사결정을 했느냐가 아니다. 중요한 것은 그 의사결정이 과연 우리가 원하는 결과를 가져다줄 것이냐이다. 그러므로 의사결정 과정에서 진정으로 결정해야 할 일은 우리가 올바른 의사결정을 했다는 것을 어떻게 판단할 수 있는지에 관한 것이어야 한다. 경영자의 역할을 체계화한 피터 드러커는 "효과적인 경영자는 무엇을 보아야 우리의 의견이 효과적이라는 것을 판단할 수 있는지를 습관적으로 묻고 또 묻는다."라고 말했다. 결론적으로 올바른 의사결정은 의사결정이 의견에서 출발한다는 것을 인정하고 결정한 가설이 맞는지를 어떻게 검증할지 결정하고, 그 결과를 피드백하면서 수정하는 과정이다.

의사결정에 관해 두 번째로 잘못된 인식은 효과적 의사결정은 합의를 통한 결과라는 생각이다. 일반적으로 구성원이 모두 동의하면 의사결정은 끝난다. 하지만 그 결과가 좋을 것이라고 확신할 수는 없다. 올바른 의사결정은 공통의 이해와 대립적인 의견, 그리고 엇비슷한 대안들에 대한 진지한 검토를 통해 도달하게 된다.

미국 자동차 회사 제너럴 모터스의 창업자 알프레드 슬론이 최고 간부 회의에서 "여러분, 이 결정에 대해 의견이 완전히 일치되었다고 보아도 좋겠습니까?"라고 묻자, 참석자 전원이 동의했다. "그러면…… 이 문제에 대한 논의는 다음 회의로 연기할 것을 제안합니다. 다른 생각도 좀 해 보고, 우리가 내린 결정이 도대체 어떤 의미가 있는지 이해할 시간이 더 필요하다고 생각합니다."
라고 말했다. 이 사례는 올바른 의사결정을 위해 중요한 것이 무
엇인가를 잘 보여 준다.

CHECK POINT

효과적인 지식노동자의 의사결정 원칙

- 한 번에 지나치게 많은 의사결정을 하지 않고 중요한 문제를 결정하는 데에 집중
  한다.
- 단순한 문제 해결의 차원이 아닌 전략적이고 근본적인 차원을 생각한다.
- 의사결정이 도대체 무엇에 관한 것인지 그리고 그것이 해결해야 할 현실적 문제
  가 무엇인지를 알려고 노력한다.
- 원칙에 따라 의사결정을 해야 할 때가 언제인지, 또 상황에 따라 실용적인 의사
  결정을 해야 할 때가 언제인지를 안다.
- 원칙과 방침에 따라 문제를 해결한다. 그러므로 대부분의 문제를 단순한 원칙의
  적용 문제로 해결한다.
- 의사결정 시 전통적인 기준은 올바른 기준이 아니라고 가정한다.
- 의사결정 과정에서 가장 많은 시간이 필요한 단계는 의사결정 그 자체가 아니라
  그것을 실행하여 목적을 달성하는 과정이라는 것을 안다.

- 의사결정 과정에서 속도를 특별히 중요하게 생각하지 않는다. 그들은 많은 문제를 한꺼번에 능숙하게 처리하는 재주를 오히려 허점이 많은 사고방식의 증후로 간주한다.
- 회의 서두에서 구체적인 목적과 그것이 이루어야 할 공헌에 대해 항상 설명한다. 그리고 목적에 맞게 회의를 진행한다.
- 회의에서 어떤 솔직한 대답도 두려워하지 않고 질문한다.
- 사람들의 의견 제시를 장려하고 의사결정 시 반대 의견을 의도적으로 유도한다.
- 의견의 불일치가 없는 상황에서는 결정하지 않는다.
- 의사결정 시 결정하거나 아니면 결정하지 않는다. 어중간한 결정을 하지 않는다.
- 최종적으로 판단한 사항을 다시 검토하지 않고 용기 있게 행동에 옮긴다.

체크리스트는 작업 원칙이다

당신은 다양한 경험과 학습을 통해 얻은 지식을
체크리스트로 정리하고 있습니까?

흔히 체크리스트라고 하면 공중화장실에 붙어 있는 청소 점검 체크리스트처럼 물건이나 할 일을 챙기는 체크리스트 정도를 떠올린다. 하지만 체크리스트는 단순히 물건을 챙기거나 할 일을 점검하는 것 그 이상이다.

체크리스트는 일을 도와준다. 체크리스트가 없으면 할 수 없는 일도 많다. 수없이 많은 항목을 점검해야 하는 항공기 정비 작업은 체크리스트 없이는 불가능하다. 한 단계라도 빠트리면 안 되는 외과 수술에서도 체크리스트가 절대적으로 필요하다. 최근에는 항목과 단계를 점검하는 소프트웨어가 개발되어 활용되고 있지만 본질은 체크리스트이다. 또한 생각을 잘할 수 있는 고차적 사고 지원 체크리스트도 있다. 체크리스트는 작업에 필요한 정보를 머릿속에 넣지 않고도 필요할 때 활용할 수 있는 직무 수행 보조물(Job Aids)과 같은 것이다.

여행이나 출장을 갈 때 챙겨야 할 것이 많으면 출발한 이후 뭔가 빠진 것 같아 머리가 무겁고 걱정이 된다. 이럴 때 체크리스트가 있으면 빠르게 준비하고 아무 걱정 없이 마음을 가볍게 할 수 있다. 여행 준비뿐 아니라 체크리스트는 작업 수행 도구로서 일을 빠짐없이 완벽하게 마무리하는 데 크게 기능한다. 체크리스트가 정교하면 매우 높은 수준의 작업 결과를 만들 수 있다. 또한 개발한 체크리스트는 다른 사람과 공유할 수 있어 조직의 시너지를 내는 시스템이 될 수 있다.

체크리스트를 활용하면 큰 고민 없이 작업을 하면서도 좋은 결과를 기대할 수 있다. 말하자면 체크리스트는 좋은 작업 원칙이다. 다만 보통의 작업 원칙은 전체 작업의 지침이거나 한 가지 과제 수행을 위한 원칙이지만 체크리스트는 한 덩어리의 작업 원칙이다. '협상 시 첫 번째 만남에서 결정하지 않는다.'라는 내용은 한 가지 행동이지만, 효과적 협상을 위한 체크리스트는 전체 협상 과정을 성공적으로 이끄는 방법이 된다.

체크리스트의 장점 중 하나는 개발이 매우 쉽다는 것이다. 체크리스트를 개발하는 방법은 따로 배울 필요 없이 단순하다. 필요한 체크리스트의 제목을 정하고 생각나는 대로 그 목록을 정하기만 하면 된다. 이후 빠진 것이 없는지 한두 번 살펴보면 그걸로 끝이다. 그 후에는 만든 체크리스트를 필요한 곳에 붙여 놓거나 보관하면서 사용하면 된다. 실제로 체크리스트를 급하게 만들어 사용하다 보면 빠져 있는 항목이 보이고 새로운 표현에 대한 아이디어도 떠오른다. 그렇게 부족한 것을 채우면서 몇 차례 고치다 보면 훌륭한 체크리스트가 완성된다.

작업 생산성을 올릴 수 있는 '도구의 지적 활용'은 OECD에서 '미래 사회에서 개인이 반드시 갖춰야 할 핵심 역량'으로 제시된 바 있다. 발달하는 기술 기반 도구를 활용하는 것도 중요하지만 작업의 생산성을 올릴 수 있는 환경을 만들어 내는 것도 지식노동자의 핵심 역량이라 할 수 있다.

당신의 일과 삶에 필요한 체크리스트 항목을 적어 보세요.

☐

☐

☐

☐

☐

왜 커뮤니케이션이 안 될까

과정과 상관없이 결과적으로 나의 의사가 상대에게 전달되지 않았다면
그 커뮤니케이션은 실패한 것입니다. 당신은 자기 의사를 상대에게
전달하는 것에 성공하고 있습니까?

내 뜻을 상대에게 정확하게 전달하기 위한 커뮤니케이션 노력
은 인류 역사와 함께해 왔다. 하지만 오랜 역사에도 불구하고 노
력의 결실은 충분하지 않아 보인다. 커뮤니케이션이 제대로 되지
않아 생겨나는 문제가 점점 더 늘어만 가고 있다. 커뮤니케이션
전문가들이 여기저기에서 효과적 의사소통 방법을 설명하고 있
지만 실제 현장의 커뮤니케이션 문제를 해결하는 데는 역부족이
다. 도대체 왜 커뮤니케이션 문제가 완전히 해결됐다는 소식이
들리지 않는 걸까?

"인간에게 가장 중요한 능력은 자기 표현이고 경영이나 관리
는 커뮤니케이션에 좌우된다."라고 말한 피터 드러커는 커뮤니
케이션 문제의 실마리를 제공해 주는 4가지 커뮤니케이션 원리

를 정리했다. 4가지 원리는 다음과 같다. ① 커뮤니케이션은 지각이다. ② 커뮤니케이션은 기대이다. ③ 커뮤니케이션은 요구한다. ④ 커뮤니케이션과 정보는 대립적이고 상호 의존적이다. 언뜻 딱딱한 느낌을 주지만 위에 제시한 4가지 커뮤니케이션 원리의 의미를 명확히 이해하면 상대방과 효과적으로 소통할 가능성이 높아진다.

첫째, 커뮤니케이션은 지각이다. 내가 말했다고 하더라도 수신자가 지각하지 못하면, 즉 듣지 못했거나 들었어도 그 뜻을 이해하지 못했다면 그 커뮤니케이션은 실패이다. 커뮤니케이션 실패의 책임은 말한 사람에게 있다. '목수와 이야기할 때는 목수가 사용하는 말을 써야 한다.'라는 소크라테스의 말처럼 철저하게 듣는 사람이 중심일 때 효과적 커뮤니케이션이 가능하다.

둘째, 커뮤니케이션은 기대이다. 사람들은 원칙적으로 지각하기를 기대하는 것만 지각한다. 즉, 듣고 싶은 것만 듣는다. 더 중요한 것은 기대하지 않았던 것은 전혀 받아들여지지 않는다는 사실이다. 결과적으로 수신자의 기대와 차이가 있으면 커뮤니케이션이 이루어지지 않는다. 그러므로 커뮤니케이션을 하기 전에 먼저 수신자가 무엇을 기대하고 있는지 알아야만 한다.

셋째, 커뮤니케이션은 요구한다. 커뮤니케이션은 언제나 수신자들이 어떤 사람이 되기를 또한 무엇을 하기를 그리고 무엇을 믿기를 요구한다. 그래서 커뮤니케이션 내용이 수신자의 가치관이나 목적에 맞으면 힘을 발휘하지만 수신자의 마음에 어긋나면 전혀 받아들여지지 않는다. 그 결과 커뮤니케이션이 이루어지지 않는다.

넷째, 커뮤니케이션과 정보는 상호 대립적이지만 상호 의존적이다. 커뮤니케이션은 지각이고 정보는 형식적 논리다. 정보는 커뮤니케이션을 전제로 한다. 즉, 정보는 약속된 해석이며 커뮤니케이션을 통해 의미가 전달된다. 하지만 정보가 너무 많으면 커뮤니케이션은 실패할 가능성이 높아진다.

수 세기 동안 인간의 커뮤니케이션은 위에서 아래로 일방적으로 지시하는 커뮤니케이션이었다. 당연히 커뮤니케이션의 효과는 크지 않았다. 그 이유는 수신자의 입장과 기대를 무시하고 자신의 요구조차 고려하지 않은 채 말하고 싶은 것만 일방적으로 말했기 때문이다. 물론 모든 요소를 고려하여 커뮤니케이션하는 것은 불가능하다. 아마도 그것이 커뮤니케이션 문제가 미궁 속에 빠진 이유일 것이다. 효과적 커뮤니케이션은 우리가 함께 달성하려는 목표가 무엇인지를 끊임없이 확인하고 가능한 범위 안에서 경험을 공유할 때라야 가능하다.

25년간 방영되었던 KBS 예능 프로그램 〈가족 오락관〉의 대표적인 게임 중 하나는 '고요 속의 외침'이었다. 이 게임은 4명의 팀원이 시끄러운 음악이 들리는 헤드폰을 쓰고 첫 번째 사람의 말을 차례대로 전달하여 네 번째 사람이 맞히는 방식이다. 대개 첫 번째 사람의 이야기는 조금씩 변하여 엉뚱한 얘기가 되어 버린다. 전체 과정을 보는 사람은 웃음을 참지 못한다.

회사 대표에게 업무 보고하는 과정에서 대표의 이야기를 부장이 들은 후에 과장에게 전달하고 과장은 대리에게, 대리는 사원에게 전달할 수 있다. 그 전체 과정을 보는 사람이라면 엉뚱하게 변하는 내용을 보면서 웃지 않을 수 없을 것이다. 한 부서의 구성원이 함께 대표의 업무 보고 자리에 참여하여 대표의 이야기를 듣는다면 굳이 커뮤니케이션 과정이 필요 없을 것이다.

당신은 커뮤니케이션을 잘하고 있습니까?

☐ 나의 의사를 정확히 전달하는 데 거의 실패한 적이 없다.

☐ 열심히 노력하고 있지만 어려움을 느낄 때가 많다.

☐ 내 뜻을 전달하는 데 실패한 적이 많다.

• 커뮤니케이션이 뜻대로 안 되고 있다면 커뮤니케이션의 4가지 원리에 비추어 무엇이 문제인지 생각해 보세요.

7. 강점 활용 역량

오직 강점으로만 성과를 낼 수 있다

당신의 작업 성과를 기다리는 고객을 만족시키기 위해서는
기대보다 높은 수준의 결과물을 내놓아야 합니다.
당신이 그렇게 할 수 있는 일은 무엇입니까?

아인슈타인은 바이올린을 연주하는 것을 무척 좋아했다고 한다. 그는 "내가 만일 교향악단에서 연주할 수 있는 수준의 능력을 얻는다면 노벨상을 비롯하여 내가 가진 모든 것을 내놓아도 좋다."라고 했을 정도이니 그가 얼마나 바이올린 연주를 좋아했는지 알 수 있다. 그는 하루에 4시간씩 바이올린을 연습한 적도 있지만 바이올린 연주에는 조금의 재능도 없었다. 반면에 그는 수학 문제를 푸는 것을 무척 싫어했지만 결과적으로 거기에 분명한 강점이 있었다. 만일 그가 바이올린 연주에 자신의 시간과 에너지를 모두 썼다면 아무도 기억하지 않는 거리의 악사조차 되지 못했을 것이다.

하루 종일 일하면서 아쉬운 점은 시간이 절대 부족하다는 사

실이다. 그 이유는 고객의 요구 수준이 점점 더 높아지고 있기 때문이다. 고객을 만족시키지 못하면 조직이 목표하는 부가가치는 만들어지지 않는다. 그러므로 일하는 사람은 주어진 시간 동안 최고 수준의 목표를 달성하기 위해 최선을 다해야 한다. 한정된 시간 안에 최고의 결과를 만들기 위해서는 무엇보다도 자신이 가지고 있는 것을 잘 활용해야 한다.

특히 자신이 남보다 더 가지고 있는 것, 즉 강점을 활용해야만 자신이 할 수 있는 최고의 결과를 만들 수 있다. 현재 갖고 있지 않은 것으로는 결코 성과를 낼 수 없다. 아무리 해도 안 되는 약점을 가지고서 고객을 만족시키는 결과물을 만들어 내는 것은 불가능하다.

강점이란 개인이 이미 가지고 있는 것으로 남보다 우수한 점을 의미한다. 강점 영역은 사고적, 언어적, 기술적, 신체적 재능 등 다양하다. 효과적인 지식노동자, 즉 높은 성과를 내는 사람들은 자신이 잘할 수 있는 일을 하고 있으며 아무리 노력해도 안 되는 일을 결코 하지 않는다. 또한 그들은 자기가 잘할 수 있는 방법으로 일하고 있다. 예를 들어 자신이 다른 사람들과 함께 어울려 일을 잘하는 스타일인지 아니면 혼자 일하는 스타일인지를 알고 있다. 최고의 성과를 내길 바란다면 자신이 왼손잡이인지 또는 오른손잡이인지를 아는 것이 매우 중요하다. 높은 성과로 조직에 공헌하고 성장하는 사람이 되기 위해서는 제일 먼저 자신이 잘할 수 있는 업무적 강점을 찾아야 한다. 더불어 자신의 약점과 한계를 명확히 인식하고 자신의 강점을 최대한 활용하기 위해 집중하여 에너지를 써야 한다.

전통적으로 우리나라의 교육 시스템은 개인의 약점을 보완하는 데 초점을 두어 왔다. 약점을 보완하는 것은 학교 교육의 목표인 전인 교육의 측면에서 의미가 있지만 성인이 된 후에는 그 의미가 무색해진다. 만일 자신의 약점을 찾아 개선하기 위해 시간을 쓰고 있다면 절대적으로 시간이 부족한 상황에서 시간 낭비이다. 프로페셔널로서 조직과 사회에 진정으로 공헌하기 위해서는 반드시 자신의 강점을 바탕으로 성과를 내야 한다.

피터 드러커는 대학 시절에 독일인 친구 프리츠 크레머가 "나의 꿈은 위대한 외무장관의 정치적 멘토가 되는 것이야."라고 말하자, "너는 왜 직접 외무장관이 되지 않으려는 거야?"라고 물었다. 크레머는 "나는 내가 사색가이지 행동가가 아니라는 것을 잘 알고 있어. 세간의 주목을 받거나 연설하는 것은 내 역할이 아니야."라고 답했다. 그리고 그는 미국 역사에서 최고의 국무장관으로 평가받는 헨리 키신저를 만들어 냈다.

CHECK POINT

강점과 약점을 정의해 보세요.

• 강점이란

• 약점이란

강점을 찾아라

성실하지만 평범한 사람이 높은 성과를 낼 수 있는 방법은
자신이 잘하는 것을 하는 것입니다.
당신은 자신의 강점과 약점이 무엇인지 정확히 알고 있습니까?

통계에 따르면 사람들이 신년 초에 갖는 새해 결심의 80%가 매년 똑같다고 한다. 이는 '사람들이 노력해도 안 되는 일, 즉 자신의 약점을 바탕으로 쓸데없는 노력을 되풀이하고 있다.'라는 의미이다. 그리고 사람들의 삶이 얼마나 효과적이지 못한가를 여실히 보여 준다. 사람들이 효과적인 삶을 살아가기 위해서는 자신의 강점을 찾아 그곳에 에너지를 집중하는 것이 포인트이다.

사람들 대부분은 '자신이 무엇을 잘하는지'를 알고 있다고 생각하지만 실제로는 그렇지 않다. 강의 중에 자신의 강점 또는 뛰어난 점을 이야기해 보는 시간을 주면 대부분 자신의 좋은 점을 이야기하는 데 그치고 만다. 자신의 강점이 무엇인지 대부분 모른다는 소리다. 그뿐만 아니라 "사람은 오직 강점으로만 성과를

낼 수 있다."라는 말을 처음 접하는 사람들도 적지 않다.

과거 사회에서 자신의 강점을 안다는 것은 큰 의미가 없었다. 왜냐하면 운명적으로 농부의 아들은 농부가 되어야 했고 예술가의 아들은 예술가가 되어야 했기 때문이다. 반면에 현대 사회에서는 개인이 어떤 종류의 일을 할 것인지를 선택할 수 있고 또한 선택해야 하므로 자신이 무슨 일에 적합한지를 알기 위해 자신의 강점을 아는 것이 무엇보다 중요하다.

피터 드러커는 강점을 발견할 수 있는 유일한 방법은 '피드백 분석(Feedback Analysis)'이라고 했다. 피드백 분석이란 어떤 중요한 의사결정이나 행동을 할 때마다 스스로가 예상하는 결과를 기록해 두고 일정 시간이 지난 뒤에 자신이 기대했던 바와 실제 결과를 비교해 보는 활동이다. 이런 피드백 분석을 통해 자신의 강점과 약점을 발견할 수 있고 어떤 일을 해야 하는지 또는 어떤 일을 하지 말아야 하는지를 알게 된다. 예를 들어 다니던 직장을 그만두고 희망찬 목표를 세워 창업한 후 1년이 되었을 때의 결과를 당초 목표와 비교해 보면 자신이 회사 경영에 강점이 있는지를 알 수 있다.

그런데 이 방법은 상당히 긴 시간을 기다려야 하는 인내심이 필요하고 불확실한 미래에 시간을 투자해야 하므로 쉽게 시작하기 어렵다는 단점이 있다. 강점을 찾는 다른 방법은 지금의 시점을 중심으로 과거에 있었던 나의 성과를 분석해 보는 것이다. 이 방법 또한 과거 정보를 충분하게 기억해야 하므로 쉽지는 않다. 그래도 지금 시점에서 답을 구할 수 있다는 장점이 있다. 그러고 나서 자신이 구한 답을 검증해 본다면 비교적 정확한 강점과 약점을 찾을 수 있다. 검증 방법은 자신을 아는 타인에게 자신의 강점과 약점을 확인해 보고 자신이 찾은 답과 비교해 보는 것이다. 이것은 다른 사람이 나를 어떻게 보고 있는지를 알 수 있으므로 개인적으로 흥미진진한 일이 된다. 다만 사람들이 나에게 관심이 없다는 사실을 확인하게 되는 충격도 감수해야 한다. 타인을 통해 나의 강점과 약점을 확인할 때는 강점과 장점 그리고 단점과 약점을 구별할 수 있도록 사전 설명이 필요하다. 그것도 여의치가 않으면 강점이란 말 대신 "내가 어떤 일을 하면 성공할 수 있을까?"라고 질문하고 약점이란 말 대신 "내가 절대로 해서는 안 되는 일은 무엇일까?"라고 질문하면 의미 있는 답을 얻을 수 있다.

이런 과정을 통해 강점을 찾은 후에는 자신이 잘할 수 있는 강점에 에너지를 집중해야 한다. 또한 그 일을 더 잘할 수 있도록 강점을 개선해 나가야 한다. 그래야 비로소 고객을 만족시킬 수 있는 성과의 가능성이 커진다. 반대로 아무리 해도 성과가 나지 않는 약점에는 시간과 노력을 투입해서는 안 된다. 대신 내가 할 일 중 약점으로 인해 성과를 내기 어렵다면 강점을 가진 사람과 협력하여 성과를 낼 수 있다. 그러므로 자신이 모든 일을 다 잘할 수 있다고 믿는 오만하고 어리석으며 비효과적인 사람이 되지 말자.

CHECK POINT————————————————————————————

나의 강점과 약점

• 내가 생각하는 나의 강점

• 다른 사람이 생각하는 나의 강점

• 내가 생각하는 나의 약점

• 다른 사람이 생각하는 나의 약점

나는 어떻게 성과를 내는가

사람은 저마다 일하는 방식이 다르며
자신이 잘하는 방식으로 일할 때 좋은 결과를 얻을 수 있습니다.
당신은 자신의 일하는 방식을 알고 있습니까?

사람들은 저마다 다르게 태어났다. 외모가 다르고 성격도 다르다. 그 외에도 세세하게 다른 점이 많지만 그중 한 가지는 일하는 방식이다. 그런데 놀랍게도 많은 사람이 자신이 어떤 방식으로 일하고 있는지 전혀 모르고 있다. 어쩌면 생각조차 해 보지 않은 사람이 대부분일 것이다.

강점 활용의 중요성을 강조한 피터 드러커는 "사람마다 각자의 강점이 다르듯이 성과를 내는 방식도 다르다. 사람은 자신이 잘하는 것을 함으로써 결과를 얻는 것과 마찬가지로 자신이 잘하는 방식으로 일할 때 결과를 얻을 수 있다."라고 말했다. 그러므로 높은 성과를 내기 위해 일하는 사람이라면 자신의 일하는 방식을 아는 것은 매우 중요하다.

피터 드러커는 자신이 어떤 방식으로 성과를 내는지 알기 위해 필요한 몇 가지 요소들을 다음과 같이 제시했다. 첫째, 자신이 정보를 수집하는 방식으로 읽는 것을 선호하는지, 또는 듣는 것을 선호하는지 파악한다. 둘째, 자신이 어떻게 배우는지를 이해한다. 말하는 것을 들으면서 배우는 사람인지, 쓰면서 배우는 사람인지, 실제로 행동하면서 배우는 사람인지 구별한다. 셋째, 자신이 다른 사람들과 함께 어울려 일을 하는 스타일인지, 아니면 혼자 일하는 스타일인지를 안다. 넷째, 자신이 긴장감 속에서 일을 잘하는 사람인지, 아니면 구조화되고 예측이 가능한 환경에서 일을 더 잘하는 사람인지 확인한다. 다섯째, 자신이 큰 조직에서 부분적인 업무를 담당할 때 일을 잘하는 사람인지, 아니면 작은 조직에서 최고로 대접받을 때 일을 잘하는 사람인지를 안다. 여섯째, 자신이 의사결정자로서 역할을 할 때 결과를 얻는지, 아니면 조언가로서 역할을 할 때 더 높은 성과를 내는지 파악한다.

드러커가 제시한 몇 가지 요소 외에도 하루 중 어느 때 집중을 잘하는지, 글을 쓸 때 어떤 방식으로 쓰는지, 여러 사람 앞에서 발표할 때 어떤 식으로 준비하는지, 긴장감 또는 압박감의 유무에 따라 어떻게 일하는지 등 자신이 효과적으로 일하는 방식에 관심을 가지고 계속 내용을 정리해야 한다.

자신의 작업 경험에 대한 피드백 분석을 통해 자신이 성과를 내는 방식을 파악했다면 억지로 자신을 바꾸려고 노력하지 말라. 당신이 바꾸어야 할 것은 당신 자신이 아니라 당신이 일하는 방식이다. 개선하려고 노력하되 성과가 나지 않는 방식으로 일을 해서는 안 된다.

나는 피터 드러커의 책을 읽고 나서야 내가 어떤 방식으로 일하는지에 대해서 생각해 보았다. 드러커가 제시한 내용을 바탕으로 내가 일하는 방식을 피드백해 보면 나는 듣는 자이고, 쓰면서 배우고, 팀과 함께 일하면서 각자의 책임이 분명할 때 일을 잘하고, 상대의 의사결정을 돕는 일을 할 때 높은 성과를 내는 스타일이다. 그리고 나는 새벽에 집중을 잘하고, 발표를 할 때는 충분히 준비된 원고를 가지고 할 때 실수가 없다. 그리고 약간의 압박이 있되 시간이 충분할 때 일을 더 잘한다.

사람들은 살면서 종종 '나는 누구인가?'에 대한 질문을 스스로에게 던진다. 그러나 대개 결론이 없는 선문답으로 끝나게 된다. 그러므로 자신을 알기 위한 구체적인 질문을 던지는 것이 중요하다. 그 질문은 '나의 강점과 약점은 무엇인가?', '나는 어떤 방식으로 일할 때 성과를 내는가?', '나의 가치관은 무엇인가?'이다. 적어도 이 3가지 질문은 자신이 어디에서 무슨 일을 해야 할지에 대한 답을 줄 것이다.

일하는 방식 탐색

☐ 읽는 자(Reader)이다.

☐ 듣는 자(Listener)이다.

☐ 스스로 말하는 것을 들으면서 배운다.

☐ 쓰면서 배운다.

☐ 실제로 행하면서 배운다.

☐ 다른 사람들과 함께 어울려 일을 잘한다.

☐ 혼자서 일을 잘한다.

☐ 조용한 곳에서 혼자 있을 때 집중이 잘된다.

☐ 카페에서 집중이 잘된다.

☐ 긴장감 속에서 일을 잘한다.

☐ 고도로 구조화되고 예측이 가능한 환경에서 일을 잘한다.

☐ 거대한 조직의 작은 부분으로 존재할 때 일을 잘한다.

☐ 작은 조직에서 최고로 대접받을 때 일을 잘한다.

☐ 의사결정자로서 역할을 잘한다.

☐ 조언가로서 역할을 잘한다.

사람을 평가하는 기준은
그의 가치관이다

한 사람의 가치관은 그 사람의 인생 목적입니다.
당신에게 가치관이 무엇이냐고 묻는다면 지금 바로 답변할 수 있습니까?

'가치관'이라고 하면 왠지 윤리 교과서에 나오는 이야기 같고 고리타분한 느낌이 든다. "그런 것 없어도 사는 데 문제없어."라고 말하는 사람도 있을 것이다. 하지만 가치관은 한 개인이 사는 이유이고 목적이기 때문에 개인의 삶을 평가하는 데 있어 매우 중요한 요소이다. 피터 드러커의 말대로 한 사람의 가치관은 그 사람의 삶에 대한 궁극적인 평가 기준이 된다. 특히 지식노동자로서 효과적으로 일하고 성공적인 경력을 만들어 가기 위해서는 자신의 강점과 성과를 내는 방식 그리고 자신의 가치관을 알아야 한다.

자신의 가치관을 아는 방법은 내면 깊이 들어가는 것이다. '너 자신을 알라.'라고 가르친 소크라테스의 말에 응답하는 일이다.

그런데 이 일은 잠시 골몰해서 그 답을 얻을 수 있는 게 아니다. 어쩌면 죽을 때까지도 그 답을 얻지 못할 수도 있다. 그래서 사람들은 생각을 많이 하지 않고도 답을 찾을 수 있는 진단 도구를 선호한다. 이어지는 Check Point에는 경력 카운슬링 분야의 대가로 알려진 미국의 리처드 N. 볼스가 쓴 책인 『당신의 파라슈트는 어떤 색깔입니까?』에 나오는 진단 도구가 실려 있다. 그렇다고 내면에 대한 성찰을 포기해서는 안 된다. 자신에게 질문하는 방법과 진단 도구를 활용하는 방법을 모두 시도해 보고 그 결과를 비교해 보면 자신의 가치관을 찾는 데 도움이 될 것이다.

이런 과정을 통해 자신의 인생을 바칠 사명을 찾는다면 그때가 언제라도 늦지 않다. 불행하게도 현대 사회를 사는 사람들 대부분은 자신에게 가장 가치 있는 일을 하고 있지 못하다. 반면에 자신이 잘하고 있고 높은 성과를 내고 있지만 가치를 느끼지 못하는 일을 하는 사람도 있다. 그 역시 불행한 모습이다. 성공이란 자신의 가치관에 부합하는 그 일을 매우 잘하고 있는 삶의 모습이라 할 수 있다.

피터 드러커는 1930년대 중반 런던에서 젊은 은행가로서 자타가 공인할 정도로 훌륭한 성과를 내고 있었다. 그렇지만 그는 한 사람의 재산 관리자로서 또한 부유한 사람으로서 기억되는 것에 아무런 의미를 느끼지 못했다. 그래서 그는 성공과 안정적인 생활이 보장되는 그 일을 과감하게 던져 버리고 새로운 도전을 시작했다. 그리고 그 결정은 옳은 결정이었다고 드러커는 회고했다.

흔히 "나는 할 수 있어."라는 무조건적 신념을 강조하지만 가능성이 없는 일에서 기적을 바랄 수는 없다. 성공적인 삶을 위해 요구되는 높은 성과는 자신의 강점, 자신의 일하는 방식, 그리고 자신의 가치관을 알고 그것들을 잘 활용할 때 기대할 수 있다. 피터 드러커는 "이 3가지를 알면 자신이 어디에 속해야 하는지 알 수 있고 매우 성실하고 유능하지만 한편으로 평범하기 짝이 없는 사람도 뛰어난 성과를 만들 수 있다."라고 했다. 성공한 사람 중에는 분명 비범한 사람이 있다. 그러나 극소수에 불과하다. 우리 사회의 성공 스토리 대부분은 지극히 평범한 사람들의 이야기다. 그 이야기의 주인공이 되기 위해서는 자신의 강점, 일하는 방식, 가치관을 알아야 한다.

가치관 탐색

당신은 이제 세상을 떠나기 바로 직전에 있다. 참 열심히 살았다. 죽음을 앞두고 만찬이 열렸다. 배우자와 자녀를 포함해 그동안 당신이 알고 지낸 사람들이 당신에 대해 칭송한다. 그들이 당신에 대해 어떻게 이야기하기를 바라는가? 침대에 누운 채 사람들의 얘기를 듣는 자기 모습을 진지하게 상상하면서 골라 보라. (복수 선택 가능)

☐ 가난한 사람을 도왔고 그들에게 헌신한 사람

☐ 나를 원하는 사람과 언제나 함께해 준 사람

☐ 언제나 사람들의 말을 경청한 사람

☐ 지시를 잘 이행했으며 맡겨진 과제를 성공적으로 완수한 사람

☐ 전문 기술이나 지식에서 한 분야를 완성한 사람

☐ 이전에 아무도 하지 못했던 일을 해낸 사람

☐ 새로운 과학 기술 분야를 개척해 낸 사람

☐ 고장이 난 것이면 무엇이든 다 고친 사람

☐ 모든 사람이 포기한 일을 맡아 성공시킨 사람

☐ 무엇인가를 개선하고 완전하게 만든 사람

☐ 불순한 사상, 철학, 세력, 유행 등의 유혹을 끈질기게 참고 이겨 낸 사람

☐ 사람들에게 커다란 영향력을 미친 사람

☐ 사회에 충격을 주고 변화를 일으킨 사람

☐ 많은 정보를 제공하고 진리를 전파한 사람

☐ 정원을 만들고 디자인을 하면서 세상을 아름답게 꾸민 사람

□ 정의와 진리, 윤리적 행동을 몸소 보여 준 사람

□ 지혜와 연민을 통해 사람들에게 목표를 갖도록 한 사람

□ 미래를 상상하고 이를 실현한 사람

□ 경제 상황과 시장의 변화를 이끈 사람

□ 실력 있는 모임을 만들어 어떤 분야와 지역 사회에 큰 발전을 가져온 사람

□ 진정한 리더로 인정받고 책임자로서 자리를 훌륭히 지켜 낸 사람

□ 자신이 몸담았던 분야나 사회에서 뚜렷한 지위를 차지한 사람

□ 명성, 영예, 지위, 보수 등에서 높은 수준에 도달한 사람

□ 무엇인가를 남들보다 많이 획득한 사람(돈, 물건 등)

□ 그 외

표시한 것 중에서 10가지를 고른다. 순위를 매긴다. 두 개씩 짝을 지어 비교하면서 '죽음이 임박했을 때 어느 쪽 가치가 나에게 더 의미가 있는가?'를 자문한다. 이때 다른 사람의 의견은 고려 대상이 아님을 명심하라. 최종적으로 3가지를 골라 보라.

8. 상호 공헌 역량

인간관계가 좋은 사람은
인간관계를 고민하지 않는다

사람들은 예의 바른 사람, 상대의 이야기를 잘 들어 주는 사람,
상대를 배려하는 사람을 인간관계가 좋은 사람이라고 생각합니다.
그런 사람이 되기 위해 노력하면
정말 인간관계가 좋은 사람이 될 수 있을까요?

인간관계는 세상을 사는 모든 사람에게 평생 중요한 주제이다. 그것은 태어나면서부터 시작되고 죽을 때 끝나는 일이기 때문이다. 유치원에 들어가기 전부터 우리는 다른 사람과 함께 사는 방법을 배웠지만 오히려 나이를 먹어 갈수록 인간관계의 어려움을 느낀다. 실제로 성인이 되어 참여하는 교육 프로그램에서 '인간관계'가 빠지지 않는 것은 그 증거 중 하나일 것이다.

조직의 구성원을 대상으로 한 강의 중에 '조직에서 인간관계가 좋은 사람들의 공통점을 몇 가지만 꼽아 보라.'라고 하면 대개 다음과 같은 답이 나온다. 예의 바른 사람, 상대의 이야기를 잘 들어 주는 사람, 상대를 배려하는 사람, 유머 감각 있는 사람, 칭찬을 잘하는 사람, 긍정적인 사람 등이다. 그렇다면 앞서 나열한

특성을 가진 사람이 되기 위해 노력하면 조직 안에서 성공적인 인간관계를 유지할 수 있을까?

피터 드러커에 따르면 실제로 인간관계가 좋은 사람은 인간관계에 특별한 신경을 쓰지 않는다고 한다. 그는 인간관계의 본질은 생산적 관계이며 공헌에 초점을 맞추어야 한다고 주장한다. 앞서 공헌에 관한 얘기를 하면서 언급했지만 좋은 인간관계를 형성하기 위해서는 자신이 맡은 일은 물론이고 다른 사람과의 관계에서 무엇에 공헌해야 하는지를 고민해야 한다. 마치 축구 경기에서 미드필더가 공격수에게 결정적인 패스를 연결하는 것처럼 나와 관계있는 사람의 목표 달성에 공헌하면 그와는 좋은 관계가 된다. 반대로 내가 상대방의 목표 달성에 공헌하지 못하면 그와는 좋은 관계가 유지될 수 없다. 나 역시 나의 목표 달성에 도움을 주는 사람과 좋은 관계를 유지하고 있다. 결국 좋은 인간관계를 만들기 위해서는 상호 간에 공헌하는 관계, 즉 생산적 관계가 형성돼야 한다.

이런 조언이 너무 딱딱하거나 업무 지향적이라고 생각하는 사람도 있을 것이다. 하지만 조직에서 함께 일하는 사람(그가 상사이든, 팀원이든, 동료이든)이 해야 할 일을 제대로 못하고, 나의 성과 향상에 도움을 주지 못한다면 안정적인 인간관계는 결코 기대할 수 없다. 그가 성실하고 착한 사람일지라도 일을 잘하지 못하면 나에게 좋은 사람이 될 수 없다. 결국 내심 불편한 관계가 되고 그에게 하는 격려와 위로는 겉과 속이 다른 행동이 될 뿐이다. 반대로 함께 일하는 사람이 일을 잘 해내고 나의 목표 달성에 큰 도움이 되면 그가 예의 없이 행동할지라도 그다지 큰 문제는 되지 않을 수 있다. 결과적으로 안정적인 인간관계가 형성된다. 결국 자신이 맡은 일에서 높은 성과를 내는 것은 다른 사람의 협력을 구하고 상호 신뢰를 쌓는 유일한 방법이 된다.

함께 일하는 사람과 진정으로 좋은 인간관계를 맺길 원한다면 단순히 상대에게 호의를 베푸는 행동을 할 것이 아니라 생산적 관계가 될 수 있도록 노력해야 한다. 즉 그는 나에게 무엇을 공헌해야 하고 나는 그에게 무엇을 공헌해야 서로에게 힘이 되는가를 고민해야 한다. 그러면 자연스럽게 발전적인 관계가 형성되고 서로 성장하는 관계가 된다. 결과적으로 이런 관계는 오래 지속된다.

서로에게 공헌하는 생산적 인간관계는 조직에서의 인간관계뿐 아니라 일반적인 인간관계의 본질이기도 하다. 부모 자식의 인간관계 역시 상호 생산적 관계이다. 부모는 자식의 성공을 위해 헌신적으로 공헌하고 자식의 건강과 행복은 그 자체로 부모에게 기쁨이 되기 때문에 상호 공헌하는 관계가 된다. 오랜 인간관계지만 한순간에 남이 되는 이유는 함께하는 기간 동안 진심으로 상대방의 성장에 공헌하지 못했기 때문일 것이다.

CHECK POINT

당신은 함께 일하는 사람과의 관계가 어떻습니까?

☐ 상호 생산적이다.(서로의 목표 달성에 힘이 된다.)

☐ 피상적이다.(서로의 목표 달성에 도움이 되지 않는다.)

☐ 상호 비생산적이다.(서로의 목표 달성에 방해가 된다.)

• 다른 사람과 상호 공헌하는 생산적 인간관계를 형성하고 있지 못하다면 그 이유는 무엇일까요?

상호 공헌 인간관계를 형성하라

서로의 목표 달성과 성장에 힘이 되는 상호 공헌 인간관계가
좋은 인간관계입니다. 당신은 함께하는 사람들과 좋은 인간관계를
유지하기 위해 어떤 노력을 하고 있습니까?

직장을 퇴직하고 난 후에도 직장 동료들과 좋은 인간관계를 유
지하는 것은 쉽지 않다. 비즈니스 관계로 다시 만나게 되는 경우
가 아니라면 관계가 소원해지는 것이 오히려 더 자연스러운 일이
다. 하지만 직장 동료들과 오랫동안 함께했던 시간의 의미를 느
끼지 못하고 인간관계의 부실함을 느끼는 순간, 허탈한 생각도
든다. "사회생활이 다 그런 거지 뭐." 하고 털어 버리면 그만이기
도 하지만 "앞으로의 삶 속에서 만나게 될 사람들과의 관계는 또
무엇인가?"라는 의문이 든다. 다행히 이런 고민의 답은 피터 드
러커의 인간관계 원칙에서 찾을 수 있다.

피터 드러커는 "좋은 인간관계를 위해서는 상호 공헌하는 생
산적 관계를 만들어야 한다."라고 했다. 상대의 성장과 행복에 내

가 힘이 되고 반대로 나의 성공에 그가 힘이 된다면 상호 공헌하는 생산적 관계가 된다는 것이다. 생산적 관계 하면 언뜻 경제적인 관계 또는 비즈니스 관계에서 주니까 받고 받았으니까 주는 'Give & Take' 관계를 생각할 수 있다. 결코 아니다. 상대에게 힘이 되는 관계를 만들기 위한 고민과 행동은 아름다운 이야기다. 생산적 인간관계는 서로 힘이 되고 함께 성장하는 관계를 의미한다. 나는 상호 공헌 원칙을 삶에 적용하기 위해 상호 공헌 인간관계 형성 워크시트를 개발했다.

상호 공헌 인간관계 형성 워크시트를 활용하는 방법은 다음과 같다. 먼저 '좋은 인간관계를 형성하고 싶은 대상'을 기록한다. 그 사람은 비즈니스 관계에 있는 사람이어도 좋고 부모 자식 간의 관계처럼 자연적 관계여도 좋다. 다음 순서는 '그가 나에게 어떤 공헌을 할 수 있을 것인가?'를 생각하는 것이다. 우리는 흔히 사람을 만날 때, '내가 이 사람과 잘 지낼 수 있을까?'를 고민한다. 그러나 이제부터는 '상대방이 나에게 힘이 될 수 있는 것, 즉 그의 강점이 무엇인가?'를 생각해야 한다. 그것이 분명해지면 생산적 인간관계로 발전할 가능성의 50%를 이미 달성한 셈이다. 그런 다음 반대로 '내가 그에게 공헌할 수 있는 것'을 정리한다. 즉

'그가 목표를 달성하는 데 내가 어떻게 공헌할 수 있는지' 또는 '그의 성공과 행복에 어떻게 힘이 돼야 하는지'를 생각하면 된다. 그러고 나서 바로 전 순서에서 정리한 대로 '내가 그에게 공헌하기 위해 무엇을 어떻게 해야 할 것인가?'에 대한 구체적 행동 목표를 정한다. 마지막 단계는 그에게 공헌하기 위해 행동하는 것이다.

작은 조직의 상황을 바탕으로 상호 공헌 인간관계 형성 워크시트 작성을 예로 들어 보자. 상사의 입장에서 생산적 인간관계를 형성하고자 하는 팀원이 있다. 그 상사가 팀원에게 바라는 것은 '주도적으로 열심히 일하고 조직이 요구하는 성과를 내는 것'이다. 다음은 그 상사가 팀원에게 어떻게 공헌할 것인가를 생각한다. 즉, '작은 조직이지만 전문가로 성장할 수 있다는 비전과 성장의 기회를 주는 것'이다. 마지막 순서로 그에게 공헌하기 위한 행동 목표는 '가능한 한 많은 업무 경험을 갖게 해 주고 역량을 계발할 수 있는 교육 기회를 제공하는 것'이다. 상대에게 진정으로 공헌하기 위한 마음으로 기록한 내용을 실천에 옮긴다면 비즈니스 관계의 성공을 넘어 평생의 인간관계로 발전할 수 있을 것이다.

교육 과정에서 '생산적 인간관계'에 대한 이야기는 교육생들이 가장 민감하게 반응하는 부분이다. "논리는 이해가 되는데 우리 사회의 정서상 받아들이기 어렵다."라는 사람도 있다. 그러나 진심으로 그의 성공과 행복에 공헌하고자 마음먹는다면 상대방과의 관계는 분명히 달라진다. 그가 만일 진정으로 나의 공헌에 고마움을 표시하고자 한다면 이왕에 나에게 힘이 되는 쪽으로 행동해 줄 것을 분명히 하는 것이 서로를 존중하며 함께 성장하는 방법이 될 것이다. 의심이 든다면 실제로 한번 시도해 보라.

CHECK POINT

상호 공헌 인간관계 형성 워크시트

□ 이름

□ 그의 공헌

□ 나의 공헌

□ 그에게 공헌하기 위한 나의 행동

좋은 인간관계는 강점의 연결이다

상호 공헌하기 위해서는 서로가 원하는 바와 강점을 알고 있어야 합니다.
당신은 서로의 목표와 강점을 알고 있습니까?

인간은 사회적 동물이라는 말처럼 인간관계를 맺지 않고 세상을 살 수 있는 사람은 없다. 그러다 보니 개인의 삶에서 인간관계는 평생 큰 고민거리가 된다. 그러나 앞서 밝혔듯이 인간관계가 좋은 사람들은 인간관계에 대해 고민하지 않으며 자신의 할 일을 잘한다. 실제로 자기 역할을 잘하고 있는 사람들은 인간관계도 잘하고 있는 모습이다. 반면에 자기 역할을 못하는 사람들은 인간관계에서도 어려움을 겪는 경우가 많다. 아무리 성격이 좋고 외모가 좋아도 자기 역할을 잘하지 못하면 인간관계를 지속하기 어렵다.

자기 역할을 잘할 뿐 아니라 상대에게 초점을 맞춰 공헌하면 더욱 좋은 인간관계가 형성된다. 이때 중요한 것은 어느 한 사람이 일방적으로 공헌해서는 안 되며 상호 공헌하는 관계를 형성하는 것이다. 상호 공헌하기 위해서는 서로에 대한 이해가 있어야 한다. 상대가 원하는 것이 무엇인지 알아야 그에게 힘이 되는 공헌을 할 수 있다. 상대 역시 내가 원하는 것에 대해 알아야 상호 공헌이 가능해진다.

상호 공헌 관계는 논리적으로 이해할 수 있지만 실천하려고 하면 쉽지 않을 수 있다. 이런 노력이 쉬운 일이 되기 위해서는 서로의 강점을 기반으로 공헌해야 한다. 강점으로 공헌하면 상대에게는 큰 힘이 된다. 기대 이상의 높은 수준에서 도움을 얻을 수 있기 때문이다. 반면에 공헌하는 사람은 큰 힘을 들이지 않고 역할을 할 수 있다. 그 일은 어렵지 않으면서도 잘할 수 있는 강점이기 때문이다.

예를 들어 꼼꼼하게 글을 읽는 데 강점이 있는 사람은 모든 자료에서 오탈자가 많은 나의 자료를 검토하는 일은 어려운 일이 아닐 것이다. 그의 도움이 나에게는 큰 힘이 된다. 반대로 상대가 의사결정에 어려움을 겪는 사람이라면 이야기를 충분히 듣고 좋은 해결책을 찾는 데 강점이 있는 나는 그를 쉽게 도울 수 있다. 아마도 그에게는 매우 큰 도움이 될 것이다.

상호 공헌하는 인간관계를 형성하려면 자신의 강점을 알아야 하고 상대방의 강점 역시 알아야 한다. 그렇게 서로의 강점을 연결하면 상대에게 공헌하는 일은 어렵지 않은 일이 된다. 동시에 서로에게 큰 힘이 되어 함께 성장하며 좋은 결과를 만들어 가는 상승 흐름이 된다.

흔히 사람들은 성격과 기질이 잘 맞아야 잘 지낼 수 있다고 생각한다. 이를 행복한 결혼의 조건이라고 생각하는 사람도 많다. 주변 사람들과 인간관계가 좋았던 피터 드러커는 "실제로 내가 알고 있는 부부는 대부분 아주 다른 성격과 기질을 가진 사람이다."라고 말했다. 실제로 성격과 기질이 맞는 사람은 거의 없다. 그럼에도 그들이 행복한 이유는 서로를 배려해서가 아니라 나와 다른 상대를 인정하고 서로의 성장과 행복에 공헌하기 위한 노력을 하기 때문이다.

서로의 목표와 강점 알기

구분	나	그
목표		
강점		

9. 자기 성장 역량

최고에 도전하라

대충 일하며 아무도 눈치채지 않기를 바라는 사람,
신이 보고 있다는 마음으로 최고의 목표에 도전하는 사람.
당신은 어느 쪽입니까?

BC 440년경 그리스 아테네에 있는 파르테논 신전의 조각 작품을 완성한 당대 최고 조각가 페이디아스는 아테네의 재무관에게 작업 비용을 청구했다. 담당 재무관은 페이디아스에게 "당신이 청구한 작업비 전부를 지급할 수 없네. 아무도 볼 수 없는 조각의 뒷면 작업 비용은 빼겠어."라고 말했다. 이에 대해 페이디아스는 이렇게 대꾸했다. "아무도 볼 수 없다고? 당신은 틀렸어. 신이 볼 수 있지."

조직에서 일하는 사람 중에는 대충 일하면서 아무도 눈치채지 않기를 바라는 사람들이 있다. 업무에 임하는 그들의 사고방식은 '잘리지 않을 만큼 일한다.'이다. 또한 그들은 매우 영리하므로 어느 수준이 그 경계인지를 잘 알고 있어서 절묘하게 그 경계를 유지한다. 그들은 개인적인 일을 하면서도 조직의 일을 하는 것처럼 보이는 기술로 무장되어 있다. 그들의 태도는 겉으로 쉽게 드러나지 않는다. 하지만 길면 꼬리가 밟히는 법, 오래지 않아 그들의 숨겨진 태도는 드러나기 마련이다. 이를 눈치챈 조직은 그들에 대해 '나가지 않을 만큼 준다.'라는 입장을 분명히 한다. 이런 관계는 일단 균형을 유지하는 듯 보이지만 쓰러질 듯 휘청거리며 달리는 자전거처럼 불안한 모습이다. 결국 쓰러져 사람도 다치고 자전거도 못 쓰게 되듯이 개인과 조직 모두에게 불행한 결과로 이어진다.

반면에 조직에서 일하는 사람 중에는 '신이 보고 있다.'라는 마음으로 최고 성과에 도전하는 사람들이 분명히 있다. 그들은 자기 역량보다 높은 수준의 목표를 설정하고 도전한다. 물론 결과는 기대에 못 미칠 수 있지만 그들은 조직에 공헌하기 위한 노력을 지속한다. 이러한 노력 역시 시간이 지나면서 드러나기 마련이다. 조금 늦더라도 조직은 그들에게 반드시 그에 대한 평가와 보상을 한다. 평가와 보상보다 중요한 것은 그들에게 높은 자존감과 능력이 생긴다는 점이다. 그들은 결코 거기에 머무르지 않는다. 높아진 능력과 자신감을 바탕으로 더 높은 수준의 목표에 도전하고 더 높은 평가와 보상을 만들어 간다. 이렇게 원의 크기를 점점 더 크게 만들면서 가속이 붙은 자전거처럼 성장 속도를 낸다.

현대 조직에서 일하고 있는 사람들은 자신의 가치를 올리고 성공적 삶을 만들기 위해 자기계발을 열심히 한다. 출근 전이나 퇴근 후에 학교나 학원에 다니는 사람도 있고 어학 공부에 도전하는 사람도 있다. 어떤 모습이든 자기의 가치를 올리고 인생의 꿈을 이루기 위해 노력하는 모습은 감동적이다. 하지만 그러한 노력이 효과적이었는지는 점검해 볼 필요가 있다. 조직 생활과는 별개로 자기계발을 위해 노력하는 사람들 가운데는 조직에서 능력을 인정받지 못하고 자기계발에서도 큰 발전을 이루지 못하고 있는 경우가 많다. 오히려 자신이 책임지고 있는 일에서 최고 수준의 목표를 세우고 조직과 고객에게 공헌하는 높은 성과를 내기 위해 노력하는 사람이 조직과 사회에서 인정받고 성공적인 삶을 완성해 가고 있는 것을 볼 수 있다.

'얼짱', '몸짱'이란 말이 한창 유행하던 때가 있었다. 여기에 빗대어 일을 잘하는 사람을 '일짱'이라고 표현하고 개발하던 교육 프로그램의 내용에 이 단어를 사용하기 시작했다. 하지만 진행

과정에서 알게 된 사실은 사람들이 '일짱'이라는 표현에 매력을 느끼지 못한다는 것이었다. 사람들은 '얼짱'과 '몸짱'에는 열광했지만 '일짱'에는 냉담했다. 아마도 일을 잘하는 사람으로 평가받는 것에 대한 부담감이 작용한 듯 보였다. 하지만 영향력과 효과성에는 분명한 차이가 있다. '얼짱', '몸짱'은 그 자체가 삶을 변화시키는 직접적인 에너지가 되지는 않는다. 반면 '일짱'은 자기 삶을 변화시키는 힘 그 자체라고 할 수 있다. 한 분야의 전문가이며 맡은 일에서 성과를 낼 수 있는 높은 수준의 목표 달성 능력이 있다는 것은 인생의 성공 가능성 또한 그만큼 있는 것이라 할 수 있다.

당신은 어떤 생각으로 일하고 있습니까?

☐ 잘리지 않을 만큼 대충 일한다.

☐ 정해진 시간만큼 일하고 맡은 일에 대한 책임을 다한다.

☐ 신이 보고 있다는 마음으로 최고에 도전한다.

• 당신은 지금 일하면서 성장하고 있습니까? 만일 아니라면 그 이유는 무엇일까요?

언제까지 일해야 하나

인간의 평균 수명 증가와 더불어 노동 수명이 연장되고 있습니다.
당신은 지금 하는 일을 언제 그만둘 것입니까?
또 언제 일에서 은퇴할 계획입니까?

셀 수 없이 쏟아지는 뉴스 중 주목할 만한 한 가지 리포트는 인간의 평균 수명 증가를 비롯한 인구 특성의 변화에 관한 것이다. OECD 보건 통계에 따르면, 2022년 기준 한국인의 평균 수명은 83.5세로 OECD 평균보다 3년 길고 전년보다는 0.2년 증가한 것으로 나타났다. 이런 추세라면 90세가 되는 것도 가까운 미래의 일이다. 반면 출생률은 점점 낮아져 급기야 OECD 국가 중에서 가장 낮은 나라가 되어 버렸다. 이러한 인구 특성은 정보 기술의 발달 이상으로 삶의 모습을 근본적으로 변화시키는 요인이다.

인간의 평균 수명 증가로 인한 변화 중 한 가지는 노동 수명의 연장이다. 평균 수명이 길지 않았던 과거에는 많은 사람이 직장을 은퇴한 후에 흔히 여생, 즉 남은 인생이란 표현을 쓰며 인생을 마무리했다. 하지만 지금은 정년을 다 채우고 은퇴해도 20년 이상의 시간이 남는다. 경제적으로 은퇴 준비를 잘해 놓았다고 하더라도 그냥 소일하거나 여행을 다니면서 살기에는 너무 긴 시간이다. 반대로 경제적 준비를 하지 못한 사람에게는 어려움을 넘어 고통의 시간이 될 수 있다. 그러므로 경제적 사정이 좋든 나쁘든 계속해서 일을 해야 한다.

20세기의 가장 중요한 사건으로 '인구 혁명'을 꼽고 있는 피터 드러커는 "평균 수명의 증가에 따라 지식노동자의 노동 수명은 그들을 고용하고 있는 조직의 수명보다 더 길어지고 있다. 이제 사람들은 75세 또는 그 이상이 될 때까지 계속 일해야만 할 것이다. 그러므로 약 50년간 일하기 위해서는 육체적으로는 젊고 정신적으로는 활기를 유지하는 방법을 배워야 한다. 그리고 지금 하는 일을 어떻게, 언제 바꿀지를 알아야만 할 것이다."라고 했다.

'60세가 넘어서 과연 일할 수 있을까?', '일자리가 있을까?' 사실 60세까지 일을 해야 한다고 생각하는 것은 육체노동자가 대다수였던 산업 사회의 오랜 관습이다. 지식 사회 지식노동자의 부가가치 원천인 지식은 나이를 먹는다고 해서 그 가치가 줄어들지 않는다. 그러므로 지식노동자는 나이와 상관없이 일할 수 있다. 지식노동자는 퇴직한 지 얼마 되지 않아 자신이 바라던 것은 퇴직이 아니라 장기 휴가였음을 깨닫게 될 것이다.

최근 사회적 이슈인 양극화 문제는 일에서 은퇴하는 시기에 따라서도 나타나고 있다. 정년은 고사하고 50세가 되기도 전에 조직을 떠난 사람 중에는 어려움을 겪고 있는 사람들이 많다. 반면에 80세가 넘은 나이에도 불구하고 왕성하게 활동하고 있는 사람들도 적지 않다. 노년을 준비하는 일은 노년이 되기 훨씬 전에 계획해야 한다. 이제 더 장기적 관점에서 무슨 일을 언제까지 해야 할 것인가에 대해 진지하게 고민해야 할 때이다.

청소년 시절에 피터 드러커는 베르디가 80세가 넘어 작곡한 오페라가 열정이 넘치고 활기찬 것을 보고 나서 자신도 나이를 많이 먹게 되더라도 포기하지 않고 계속 정진하리라고 다짐했다고 한다. 실제로 그는 95년의 생애를 마치기 전까지 쉬지 않고 정진했으며 "내 인생의 전성기는 60세에서 90세까지였다."라고 말했다.

당신은 언제까지 일할 계획입니까?

☐ 할 수만 있다면 정년퇴직 전에 은퇴할 것이다.

☐ 정년퇴직과 함께 일에서 은퇴할 것이다.

☐ 할 수 있을 때까지 일을 계속할 것이다.

• 무슨 일을 언제까지 할 것인지 계획을 세워 보세요.

인생의 후반부 전략을 세워라

한 개인의 인생에서 중요한 때가 따로 있을 수 없습니다.
바로 지금이 중요한 때입니다. 당신의 인생 후반전 전략은 무엇입니까?

우리나라 사람들의 평균 수명은 오래전에 80세를 넘어섰다.
그 추세 역시 매우 빠른 속도로 증가하고 있다. 바야흐로 100세
를 향해 질주하고 있는 모습이다. 이제 '인생은 축구 경기다.'라는
표현에 무리가 없다. 왜냐하면 인생도 전·후반 90분 경기인 축구
처럼 90세까지 사는 세상이 되었기 때문이다. 그렇다면 인생을
축구 경기와 비교해 보자.

첫째, 경기 시간이 얼마나 지났는지를 생각해 보자. 예를 들
어 50세가 된 사람은 전반전을 마치고 후반전 5분이 지난 때이
다. 후반전의 남은 시간은 40분이다. 둘째, 지금까지의 경기 성적
을 정해 보자. 지금까지의 인생에서 골을 넣었다고 할 수 있을 만
큼 잘한 일과 골을 먹었다고 할 수 있을 만큼 실패한 일은 무엇

인지를 생각해서 스코어를 정한다. 실제 축구 경기에서 골이 많이 터지지 않듯이 사소한 사건보다는 인생 전체에 영향을 준 사건을 중심으로 스코어를 정해 보라. 셋째, 지금까지의 경기를 평가해 보자. 이때는 해설자 입장에서 현재 스코어가 만들어진 과정과 내용을 분석한다. 끝으로 해야 할 일은 남은 시간에 필요한 전략을 세우는 것이다. 이번엔 감독의 입장이 되어 남아 있는 경기의 전략을 세워 보자. 이렇게 하면 인생을 전체적인 흐름으로 놓고 볼 수 있어 내가 원하는 올바른 방향으로 달려갈 수 있다.

인생 후반부의 전략을 세울 때 가장 먼저 버려야 할 것은 60세에 은퇴한다는 생각이다. 그것은 과거 산업 사회 패러다임일 뿐이다. 육체노동자 중심의 사회에서는 육체적 노동의 원천인 근육의 힘이 소진되면, 더 이상 일을 할 수 없었다. 그러나 지식 자원은 60세쯤 되었을 때 더욱 생산적이 될 수 있다. 피터 드러커는 "지식 사회에서는 75세 또는 그 이상 일을 해야 하므로 정신적으로나 육체적으로 에너지를 유지해야 한다."라고 말했다. 그는 언제 자기 일을 바꾸어야 할지를 알아야 한다고 말하면서 인생의 후반전을 준비하는 데 필요한 3가지 원칙을 제시하였다.

첫 번째 방법은 제2의 다른 실질적 경력을 시작하는 것이다.

지금의 일터에서의 생활을 접고 다른 일터에서 또는 다른 일을 도전적으로 시작한다. 인생의 후반부를 준비하는 두 번째 방법은 병행 경력을 계발하는 것이다. 지금의 일터에서 일의 양을 줄이면서 또 다른 곳에서 일을 한다. 세 번째 방법은 사회 사업가가 되는 것이다. 자신의 직업을 통해 얻은 경험과 지식을 바탕으로 사회에 봉사한다. 피터 드러커는 인생의 후반부를 관리하는데 있어서 중요한 전제는 "인생의 후반부로 접어들기 훨씬 전에 그 준비를 시작해야만 한다."라고 했다. 만약 어떤 사람이 40세 무렵부터 자원봉사자로서 경험을 쌓기 시작하지 않는다면 60세 이후에 자원봉사 활동을 하기 어렵다는 것이다.

한 사회에는 그 사회의 부와 가치를 창출하는 중심 계층이 존재한다. 일반적으로 그 중심 계층은 30, 40대가 주를 이루고 있다. 이들은 제일 많이 일하면서 사회가 요구하는 성과를 이루어 사회에 공헌하고 있다. 그러나 사회적 관점을 떠나 개인적 관점에서 보면 일을 하는 데 중요한 때가 따로 있는 것은 아니다. 지금이 가장 중요한 때이다. 어린 시절 학교에 다닐 때는 그때가 중요했고 봄날 같은 젊은 시절에는 그때가 중요했다. 몸이 옛날 같지 않은 노인이 되면 또 그때가 중요한 때다. 그러므로 인생의 후반부를 준비하는 데 있어서 내일을 위해 오늘을 희생하는 전략보다는 하루 속에 오늘을 위한 행동과 내일을 위한 준비를 같이 포함하는 것이 좋은 전략이 될 것이다.

CHECK POINT

인생 점검

☐ 지금 시간: 전·후반 _____분

☐ 현재 스코어: _____ : _____

☐ 지금까지의 경기 평가(해설자 입장)

☐ 남은 시간의 전략(감독 입장)

어떤 사람으로 기억되길 바라는가

당신은 일에서 은퇴한 뒤에 혹은 죽은 뒤에
어떤 사람으로 기억되길 바랍니까?

성공적이고 행복한 삶을 살기 위해 스스로에게 던져야 할 질문이 많지만 그중에서도 가장 중요한 질문은 "나는 어떤 사람으로 기억되길 바라는가?"이다. 이 질문은 은퇴 후 혹은 죽음 이후에 관한 이야기가 아니다. 이 질문은 바로 오늘에 대한 이야기다. 이 질문은 지금 '내가 왜 살고 있고 어떻게 살 것인가?'를 생각하게 하기 때문이다. 언젠가 TV 토크 쇼에 출연했던 한 마당놀이 배우는 "나는 죽은 후에 놀이마당에서 한바탕 잘 놀다 간 사람으로 기억되길 바란다."라고 했다. 이 말은 그가 자기 일에서 열정과 사명을 가지고 지금 최선을 다하고 있음을 보여 준다.

피터 드러커가 13살이 되던 해에 어느 선생님께서 학생 한 사람 한 사람에게 "너희들은 죽은 뒤에 어떤 사람으로 기억되기를 바라느냐?"라는 질문을 던졌다. 학생들은 아무런 대답도 하지 못했다. 선생님은 껄껄 웃으면서 "나는 너희들이 질문에 대답할 수 있을 것으로 기대하지 않았다. 그러나 50세가 될 때까지도 여전히 이 질문에 대답할 수 없다면 그 사람은 인생을 잘못 살았다고 봐야 할 거야."라고 했다. 이 질문은 그 학생들의 인생을 바꾸어 놓기에 충분히 중요한 질문이었고 실제로 그들의 삶에 큰 영향을 미쳤다고 드러커는 회상한다. 피터 드러커는 스스로 그 질문을 평생 해 왔고 그 선생님을 만난 것은 행운이었다고 말했다.

"나는 어떤 사람으로 기억되길 바라는가?"라는 질문은 늘 자신을 되돌아보게 함으로써 올바른 목표를 달성하는 효과적인 삶을 사는 힘으로 작용한다. 또한 이 질문은 일하고 있는 지식노동자에게도 중요한 질문이 된다. 자신이 다니고 있는 직장을 퇴직할 때 또는 자신이 일에서 은퇴할 때 "나는 어떤 사람으로 기억되기를 바라는가?"를 질문하면 무엇을 해야 할지 분명히 자각할 수 있기 때문이다.

누군가 피터 드러커에게 물었다. "박사님은 어떤 사람으로 기억되길 원하십니까?" 이 질문에 드러커는 "몇몇 사람의 목표 달성에 기여한 사람으로 기억되길 바랍니다."라고 대답했다. 이처럼 분명한 목적과 사명이 그의 삶의 무게를 만들어 주었을 것이다. 물론 그는 몇몇 사람의 목표 달성을 넘어서 인류에 공헌하는 큰 업적을 남겼다.

이 질문에 대한 나의 대답은 "피터 드러커의 자기경영 원칙을 많은 사람에게 효과적으로 전달한 사람으로 기억되길 바랍니다." 이다. 그리고 나는 이 질문을 스스로에게 던질 때마다 '정말 그렇게 될 것인가?'를 생각하며 몸과 마음을 가다듬는다.

일단 "나는 어떤 사람으로 기억되길 바라는가?"에 답을 써 보자. 물론 이 질문에 대한 답은 변할 수 있다. 대답이 어떻게 변하든 한 가지 대답은 반드시 가지고 있어야 한다. 그게 없다면 운전대를 잡고 있지만 어디로 가는지 모르는 것과 똑같다. 많은 사람이 자신의 간절한 꿈을 이루기 위해 노력하고 있다. 그러나 정작 왜 그 꿈을 이루어야 하는가에 대한 질문이 없다. 이 질문은 어떻게 살아야 하는지에 대한 답이기도 하다.

시대가 너무 복잡해졌다. 그렇기에 더 뚜렷한 삶의 목적이 필요한 때이다.

나에 대한 기억

나는 _____

사람으로 기억되길 바랍니다.

년 월 일

피터 드러커는 평생 자기계발을 했다

피터 드러커는 1909년 11월 19일에 태어나 96번째 생일을 앞둔
2005년 11월 11일에 세상을 떠났습니다.
경영학의 구루인 피터 드러커의 인생이 길어 보이는 이유는
오래 살았기 때문이 아니라 평생에 걸쳐 철저한 자기 관리를 통해
스스로 성장해 왔기 때문일 것입니다.

누군가 "박사님은 한가한 때 무엇을 하고 지내십니까?"라고 물
었다. 그러자 그는 "한가한 때란 도대체 무엇을 말하지요?" 하고
반문했다. 피터 드러커의 예상치 못한 반응에 질문자는 당황할
수밖에 없었다. 그러자 피터 드러커는 웃으며 대답했다. "농담이
네. 한가한 때란 존재하지 않는다네. 내 경우 일을 하지 않을 때
는 주로 책을 읽지. 계획을 세워서 집중적으로 말이야." 그는 자
신이 가진 학문 분야별 지식의 원천으로 폭넓은 독서를 꼽았다.
광범위한 독서 습관과 다른 사람들과 적극적으로 의견을 교환
하는 습관이 있었던 피터 드러커는 이런 태도 덕분에 변화무쌍
한 20세기를 살면서 인류가 처한 상황을 제대로 파악하는 지혜
로운 눈을 키울 수 있었을 것이다.

피터 드러커의 자기계발 수단 중 하나는 글쓰기였다. 젊은 시절부터 잡지사에 기고를 시작했고 자기 생각을 체계적으로 정리하는 방법으로 글쓰기를 활용했다. 그의 또 한 가지 자기계발 수단은 자신이 깨달은 것을 다른 사람들에게 가르치는 일이었다. 그리고 이 방법을 강의 중 학생들에게 전해 주었다. 그는 "가장 효과적으로 배우는 방법은 가르치는 것이며 내가 무슨 생각을 하는지 알기 위해서도 나는 가르친다."라고 설명했다. 또한 "지식노동자는 자기 자신이 스스로 가르칠 때 가장 잘 배울 수 있다."라고 말했다. 그리고 "정보 시대에 모든 기업은 배우는 기관(Learning Institution)이 되어야 한다. 그러나 모든 기업은 또한 가르치는 기관(Teaching Institution)이 되어야만 한다."라고 강조하였다.

또 누군가 피터 드러커에게 물었다. "그간의 저작물 가운데 어떤 책을 최고로 꼽습니까?" 피터 드러커는 답했다. "바로 다음에 나올 책입니다." 그는 신이 보고 있다는 마음으로 최고를 향해 끝없이 도전하는 삶을 우리에게 보여 주었다. 그는 언젠가 "내 인생의 전성기는 60세에서 90세까지였습니다."라고 말했다. 이 말은 그저 노년의 삶을 격려하기 위한 말이 아니었다. 드러커는 평생

약 40권의 책을 저술했는데 그중 27권의 책은 62세 이후에 썼다. 그는 실제로 60세 이후에도 많은 성과를 냈으며 90세가 넘은 후에도 대학교수로서, 컨설턴트로서, 저술가로서 왕성한 활동을 지속했다.

현대 경영의 아버지로 평가받은 피터 드러커는 "개인의 자기계발은 스스로가 책임을 져야 할 문제이다. 어디에서 일을 할지 결정하는 책임도 스스로 감당하지 않으면 안 된다. 앞으로 이러한 책임을 감당하지 못하는 지식노동자는 긴 노동 수명 동안 목표를 달성하는 사람, 생산적인 사람, 성장 능력을 갖춘 사람이 될 수 없을 것이다."라는 말을 남기고 우리 곁을 떠났다.

피터 드러커의 생애

1909 오스트리아 빈에서 출생 (11월 19일)

1919 빈 김나지움 입학

1927 빈 김나지움 졸업, 독일 함부르크 대학 법학부 입학, 학업 중 수출 상사 견습 생으로 근무

1929 프랑크푸르트 대학 법학부 전학, 『프랑크푸르트 게네라르 안차이거』 기자

1931 프랑크푸르트 대학 법학 박사

1933 런던의 보험 회사 및 은행 근무, 존 메이너드 케인스가 주재하는 세미나에 정 기적으로 참석

1937 도리스 슈미트와 결혼, 영국 신문사 컨소시엄의 미국 특파원, 영국과 유럽의 은행 및 투자 신탁 회사의 고문 자격으로 미국으로 이주

1939 뉴욕 주 사라 로렌스 대학에서 경제학 및 통계학 강의

1942~49 버몬트 주 베닝턴 대학의 철학 및 정치학 교수 역임

1943 GM 컨설팅, 미국 국적 취득

1947 마셜 플랜의 고문 자격으로 유럽 여행 및 유럽 부흥 계획 수립 참여

1950~71 뉴욕 대학교 경영학부 교수, 『하버드 비즈니스 리뷰』 첫 기고(1998년까지 34편 게재, 맥킨지상 6회 수상)

1951 GE 컨설팅

1954 미국 정부의 요청으로 한국의 교육 부흥 계획 수립을 위해 한국 방문

1959 일본 최초 방문(이후 1993년까지 1~2년마다 방일), 일본 기업 방문, 일본화 수집 시작

1962 아메리카 매니지먼트 소사이어티로부터 웰리스 클라크상 수상

1966 일본 정부로부터 훈장 서훈

1967 아메리카 매니지먼트 소사이어티로부터 테일러 키 수상

1971~2005 캘리포니아 주 클레어몬트 대학원 사회과학부 클라크 석좌 교수

1975~2005 『월스트리트 저널』 정기 기고

1977 두 번째로 한국 방문, 세계 중소기업 대회에서 주제 발표

1979~85 뉴욕과 시애틀에서 일본화 컬렉션 전시, 포모나 대학에서 동양 미술 강의

1986 일본에서 드러커 컬렉션 전시

1987 클레어몬트 경영 대학원의 명칭을 피터 드러커 경영 대학원으로 개명

1990 드러커 비영리 재단 설립 및 명예 이사장

1994 하버드 대학 고드킨 석좌 강사

1999 『21세기 지식 경영』 발간, 오스트리아 정부에서 90살을 맞은 드러커를 기념해 드러커를 소개하는 홈페이지 개설

2005 타계 (11월 11일)

제2부

피터 드러커를 만난 홍 대리

목표 달성을 도운 사람으로
기억되길 바라며

2010년, 피터 드러커의 대표 저서인 『매니지먼트』의 내용을 소재로 한 소설이 일본에서 출간되어 초베스트셀러가 된 적이 있다. 관련 기사를 보며 "야! 정말 대단하다. 이런 발상을 하다니."라며 크게 감탄했던 기억이 있다. 이후 한시라도 빨리 그 책이 번역되어 나오기만 손꼽아 기다렸다. 일본에서 큰 성공을 이룬 그 책은 국내에서도 큰 기대를 받으며 2011년에 출간되었다. 제목은 『만약 고교야구 여자 매니저가 피터 드러커를 읽는다면』이었다. 소식을 접하자마자 서점에 달려가 책 내용을 살펴보지도 않고 곧바로 책값을 계산했다. 그러고는 설레는 마음으로 책의 첫 장을 넘겼다. 평소 책 읽는 속도가 다소 느린 편이었지만 소설 형식이었기 때문에 빠른 속도로 책을 끝까지 읽어 냈다. 책을 덮고 나는 깊은 고민에 빠졌다. 뭔가 아쉬움이 남았다. 고등학교 야구팀의 매니저 역할을 하는 여고생의 이야기가 우리 문화와 달라서인지 선뜻 책의 내용에 크게 공감할 수가 없었다. 하지만 그것보다 과연 이 책을 통해 피터 드러커의 경영 원칙을 충분히 배울 수 있을까 하는 의구심이 들었다. 새로운 접근 방식에 대한 기대가 컸던 만큼 실망도 컸다. 고민과 답답함의 시간을 보내고 난 후, 한국의 사정에 맞게 내가 직접 써야겠다는 결심을 하게 되었다. 그게 '피터 드러커를 만난 홍 대리'의 시작이다.

앞서 출간된 나의 책 『최고들의 7가지 자기관리법(피터가 알려준 21세기 성공원칙)』의 내용과 강의 중 학생들과 공유했던 아이디어를 바탕으로 '피터 드러커를 만난 홍 대리'의 얼개를 만들어 갔다. 그러므로 제2부에는 피터 드러커의 경영 원칙을 일과 삶에 적용하기 위해 고민했던 나의 경험과 홍 대리로 등장하는 금융자산투자회사의 직원과의 인터뷰가 녹아 있다. 나는 피터 드러커가 누구인지 전혀 모르고 있거나 또는 안다고 하더라도 그의 경영 원칙을 제대로 접하지 못한 사람들을 위해 그의 사상을 전달해 주는 메신저가 필요하다고 생각했다. 그래서 용기를 냈다. '피터 드러커를 만난 홍 대리'를 통해 피터 드러커의 경영 원칙을 접하고 실제 일과 생활에 적용해 보는 사람들이 많아지길 기대한다. 특히 지식 사회의 주체라 할 수 있는 지식노동자들이 자신의 생산성을 높이는 데 조금이라도 기여할 수 있길 바라는 마음이다.

경영학의 구루로 평가받는 피터 드러커는 1909년 출생하여 2005년에 타계했다. 그는 이미 우리 곁에 와 있는 지식 사회를 발견하고 지식 생산성 향상에 초점을 둔 경영 원칙을 기업과 개인에게 제공하는 데 큰 업적을 남겼다. 피터 드러커는 언젠가 "몇몇 사람이 자신의 목표를 설정하고 또 그것을 달성할 수 있도록 도와준 사람으로 기억되길 바란다."라고 말했다. 그것은 겸손한 표현이었다. 실제로 피터 드러커는 전 세계의 수없이 많은 사람의 목표 달성에 기여한 사람으로 기억되고 있다. '피터 드러커를 만난 홍 대리' 역시 몇몇 사람들에게 자신의 중요한 목표를 세우고 달성하는 데 도움이 될 수 있다면 나로서는 더 바랄 것이 없겠다.

1. 프롤로그

홍 대리를 소개합니다

이름 홍반석, 1982년 서울 강남구 대치동에서 태어났다. 활달한 성격으로 사람들과 어울리기 좋아하여 어릴 때부터 주위에 친구가 많았다. 중·고등학교 때부터는 본격적으로 학업에 열중했다. 그 결과 2000년 명문 Y대학교 심리학과에 입학했다. 학기 중에는 높은 학점을 위해 학업에 열중했고 방학 중에는 단기 해외 연수 등 다양한 경험과 스펙을 쌓는 데 집중했다. 대학교 2학년을 마치고 육군 현역으로 입대해 복무했다. 제대 이후에는 더욱더 학업에 매진해 학과 수석으로 대학 생활을 마쳤다.

졸업과 동시에 국내 최고 금융투자회사인 H사에 입사했고 채용 과정에서 우수 인재로 인정받아 기획팀으로 발령받았다. 그로부터 1년 뒤, 대학교 3학년 무렵 어머니 친구의 소개로 만나게 된 여성과 교제 후 결혼을 했다. 그는 별문제 없이 성장하고 한 번의 실패 없이 성공적으로 인생을 살아온 '엄친아'라고 할 수 있다.

그러나 순탄하게만 보이던 그의 시절은 거기까지였다. 승승장구할 줄 알았던 직장 생활이 어딘가 삐거덕거리기 시작했다. 주어진 일은 성실히 수행했지만 주도적으로 업무를 추진하거나 창의적으로 문제를 해결하는 능력이 기대에 미치지 못했고 이따금 업무상 실수로 상사와 팀원들을 난처하게 만들기도 했다. 그러자 점차 자신에 대한 주위의 기대가 사라지는 걸 느낄 수 있었다. 여러 가지 실수가 반복되자 부서 내에선 더 이상 그에게 중요한 일을 맡기지 않았다. 업무 신뢰도가 낮아진 결과였다. 회사에서 무능력자로 낙인찍힌 것 같은 느낌에 하루하루가 힘들고 마음이 무거웠다. 입사 4년 차에 가까스로 대리로 승진했지만 이대로 가다간 낙오자가 될 것 같은 불안감까지 찾아왔다. 그러자 우울한 날이 많아졌다. 어떻게든 지난날의 부정적 평가와 이미지를 떨쳐내려고 남들보다 일찍 출근하고 늦게 퇴근하며 열심히 일에 매진해 보기도 했다. 하지만 안타깝게도 크게 달라지는 건 없었다.

"홍 대리, 대리 직급도 달았는데 이만하면 일을 알아서 잘해야 하는 거 아닌가. 도대체 나아진 게 없어. 자네 정말 이것밖에 안 되는 사람이었나?"

최근 팀장님으로부터 크게 질책을 받은 이후 자신감은 완전히 바닥까지 떨어지고 말았다. 고민은 깊어졌고 해결책은 보이지 않았다. 어떻게 해야 이 상태에서 벗어날 수 있을지 막막했다.

피터 드러커를 만난 홍 대리

어느 월요일 아침, 홍 대리는 평소처럼 무기력한 표정으로 자리에 앉아 메일을 확인했다. 사내 인재개발팀에서 보내온 메일 한 통이 보였다. 내용은 직원들이 필수적으로 이수해야 할 독서통신 교육에 대한 안내문이었다. 도서 목록도 첨부되어 있었다. 목록 중 한 권의 도서를 선정해서 교육을 신청하라는 지시에 그는 별다른 고민 없이 『프로페셔널의 조건』이라는 제목의 책을 신청했다. 사실 홍 대리는 그 책의 저자인 피터 드러커나 내용에 대해서 아는 게 전혀 없었다. 그냥 순간적으로 제목에 끌렸을 뿐이었다. 아마도 누구보다 프로페셔널이 되고 싶은 자신의 무의식이 내린 선택이었을 것이다.

신청한 도서가 사무실 책상 위로 배달된 것은 그로부터 한 달 후였다. 점심 식사를 마치고 사무실로 돌아온 홍 대리는 책상 위에 올려져 있는 누런 봉투에서 책을 꺼내는 순간 자신도 모르게 "아이고!" 소리가 절로 나왔다. 독서 통신 교육 교재로 온 책은 400쪽이 넘는 데다 표지도 재미없는 책이라는 것을 미리 보여 주는 듯했다. 그림 하나 없이 문자로만 가득 채워진 책을 보자 마치 끝없이 펼쳐진 사막 위에 서 있는 느낌이었다.

"미리 인터넷으로 내용과 쪽수를 확인하고 책을 고를걸."

페이지 수가 적고 읽기 편한 책을 고르지 못한 것이 후회스러웠지만 돌이킬 수 없는 일이었다.

"이왕에 이렇게 된 거, 할 수 없지 뭐."

평소 어쩔 수 없는 일이라고 판단되면 포기가 빠른 홍 대리는 마음을 고쳐먹고 책을 펼쳤다. 읽어서 나쁜 책은 없겠지 하는 마음으로 한 페이지 한 페이지 넘기기 시작했다. 그런데 페이지가 넘어갈수록 저자의 통찰과 지혜에 고개를 끄덕였다. 어떤 부분에서는 감탄이 절로 나왔다. 이 책은 21세기 지식 사회에서 일하는 사람으로서 효과적으로 일하며 성장하는 방법에 관한 내용이었다. 홍 대리는 저만치 희망의 불빛을 본 것만 같았다. 무기력했던 마음에 생기가 돌며 변화의 실마리가 조금 보이는 것 같았다.

2. 강점을 찾은 홍 대리

홍 대리의 강점

  책에 대한 믿음 덕분인지 모든 내용이 의미 있게 다가왔다. 업무나 일과 중 잠시라도 시간이 나면 틈틈이 책을 펼쳤다. 다 읽기까지 한 달이라는 시간이 걸렸지만 사내 독서 통신 교육 프로그램을 잘 따라간 보람을 느꼈다. 특히 마지막 페이지까지 읽고 책을 덮었을 때는 성취감은 물론 좋은 책을 읽었다는 뿌듯함까지 밀려왔다. 홍 대리는 시원하게 기지개를 켜고 잠시 눈을 감으며 책의 전체 내용을 돌이켜 보았다. 가장 인상 깊었던 내용은 '자신의 강점을 파악하라.'였다. '나에게 적합한 일은 무엇일까?'에 대해 생각해 볼 수 있는 내용이라 흥미로웠고 당장 홍 대리 자신에게 중요한 질문이라는 생각이 들었다. 그래서 홍 대리는 책을 다시 펴고 그 부분을 읽고 정리해 보았다.

피터 드러커는 사람들은 오직 강점으로 성과를 낼 수 있으며 약점으로는 절대로 성과를 낼 수 없다고 말한다. 그런데 사람들은 자신이 가진 강점이 무엇이고 약점이 무엇인지에 대해 잘 모르는 경향이 있다. 게다가 좋은 기회를 만나도 충분히 자신의 강점을 살려 기회를 만들지 못하기도 하고 반대로 노력해도 안 되는 약점에 관련된 일을 하면서 성과를 내지 못하고 있다고 말한다. 그래서 자신의 강점이 무엇인지를 아는 것은 자기 자신을 아는 데 있어서 가장 중요한 요소라고 말한다.

'그럼, 내 강점과 약점은 뭘까?' 이런 질문을 진지하게 해 본 적이 없는 홍 대리 역시 딱히 떠오르는 게 없었다. 하지만 사람은 오직 강점으로만 성과를 낼 수 있다는 피터 드러커의 말이 가슴에 크게 와닿았기에 깊이 생각해 보았다. 나의 강점과 약점은 무엇일까? 나만의 강점이 있다면 이것을 찾는 방법은 또 무엇일까? 홍 대리는 분주한 마음으로 다시 책을 읽어 내려갔다. 강점을 찾기 위해 피터 드러커가 제시한 방법은 '피드백 분석(Feedback Analysis)'이다. 피드백 분석은 어떤 중요한 의사결정이나 행동을 할 때마다 자신이 예상하는 결과를 기록해 두고 일정 시간이 경과한 후에 자신이 기대했던 바와 실제 결과를 비교해 보는 것이다.

'강점을 발견하는 유일한 방법이 피드백 분석이라고?' 홍 대리는 뭔가 아쉬운 마음이 들었다. 하지만 잠시 더 생각해 보니 커피 자판기에 동전을 넣으면 바로 커피 한 잔이 나오듯 자신이 이 문제를 쉽게 생각하고 있음을 알게 되었다. 나에 관해 몇 가지 정보만 넣으면 뚝딱 답이 나오지 않을까 기대했던 것이었다. 잠시 실망했던 홍 대리는 먼저 자신의 안일한 태도를 반성했다. 그리고 강점을 발견할 수 있는 피드백 분석 방법을 이해하기 위한 간단한 예시를 만들어 보았다.

새 학년에 올라가는 학생 A는 평소 잘하지 못했던 수학에서 좋은 점수를 받아 보겠다는 결심을 한다. 그래서 지난해까지 60점 이하였던 점수를 올해는 80점 이상으로 올리겠다는 구체적인 목표를 세우고 공부도 열심히 한다. 만약 A가 학기 초에 세운 목표를 달성했다면 A는 실제 그 과목에 강점이 있다고 말할 수 있다. 하지만 밤을 새워 가며 공부했으나 목표한 결과가 나오지 않았다면, A는 수학에 재능이 없다고 할 수 있다.

이런 예시를 생각해 내자, 홍 대리는 문득 자신의 입사 초기가 생각났다. 회사에 막 입사해 기획팀에 발령받았을 때, 정말 열심히 잘해 보고 싶은 생각에 투지가 넘쳤던 기억이 났다. 그러나 의욕과 달리 홍 대리가 맡은 일의 성과는 그리 좋지 않았다. 처음에는 다른 팀원이나 프로젝트의 성격 자체가 성과를 낼 수 없는 원인이었다고 생각했었는데, 과연 그런 이유 때문이었을까? 홍 대리는 곰곰이 생각해 보았다. 혹시 내게 원인이 있었던 것은 아닐까? 기획팀의 일이 나와 맞지 않았던 것은 아닐까? 그렇다면 내 강점은 기획 업무에 있지 않다는 말인데……. 생각이 거기까지 이르자, 계속해서 다른 질문들이 이어서 생겨났다. 그렇다면 나는 어떤 일을 하는 데 적합한 사람일까? 나의 강점은 무엇일까? 질문이 늘어날수록 해답에 대한 갈증도 커져만 갔다. 그래서 홍 대리는 피터 드러커가 제시한 피드백 분석을 자신의 과거 경험에 적용해 보기로 했다.

홍 대리는 입사 후 지난 3년간을 되돌아보면서 자신의 강점 찾기를 시도하기로 했다. 하지만 업무 과정에 대해서 일일이 기록을 남기지 않았던 상태라 기억에 의존할 수밖에 없었다. 기억으로만 나 자신의 강점을 찾아볼 수 있을까? 홍 대리는 자신이 없었지만 일단 지난 시간을 차분히 되짚어 보며 정리해 보기로 했다. 입사 초기부터 지금까지 해 왔던 일을 더듬으면서 그 속에서 드러난 자신만의 강점과 약점이 무엇이었는지 고민했다. 그리고 주변 사람들에게도 자신의 강점과 약점을 평가해 달라고 묻기도 했다. 그런데 사람들은 대부분 홍 대리가 말하는 강점과 약점이 무엇인지 정확하게 이해하지 못하는 듯했다. "넌 참을성이 강한 것 같아."라는 추상적인 답을 해 주는 경우가 대부분이었기 때문이다. 홍 대리는 고심 끝에 '내가 어떤 일을 하면 성공할 수 있을까?' 그리고 '내가 절대로 해서는 안 되는 일은 무엇일까?'로 질문을 바꾸어 스스로 물어보았다. 그렇게 1주일이라는 시간을 투자해 고심한 끝에 마침내 자신만의 강점과 약점을 적은 목록을 완성할 수 있었다.

홍 대리의 강점, 약점 목록

나의 강점	나의 약점
나는 돌아다니는 것을 좋아한다. 출장 갈 기회가 있었는데 설렘으로 잠을 설쳤던 일이 생각난다. 일터를 벗어나는 즐거움도 있었지만 나는 천성적으로 돌아다니는 것을 좋아하는 것 같다.	**나는 조용한 곳에서 일하는 것이 너무 힘들다.** 출근해서 퇴근할 때까지 조용한 사무실에서 각자 자기만의 일을 하는 걸 보면 숨이 막힐 것 같다.
나는 사람을 만나면 에너지가 생긴다. 나는 사람들을 만나는 것이 즐겁고 사람들과 대화할 때면 에너지가 솟는 느낌을 받는다. 하지만 오래도록 혼자 있을 때는 왠지 몸에 힘이 빠지는 느낌이 든다.	**나는 단순한 일을 반복하면 짜증이 나고 일의 효율이 떨어진다.** 입사 첫해에 기획팀이 주관하는 행사에서 사용할 참석자 350명의 이름표를 만들던 때를 생각하면 지금도 진저리가 난다.
나는 처음 만나는 사람과도 금방 친해진다. 친한 친구가 "너는 사람 만나는 것을 좋아하고 누구보다 빨리 친해지는 것 같아."라고 말했다.	**나는 꼼꼼하지 못하고 문서에 오타가 많다.** 기획 보고서에 오타가 많아 선배들과 팀장님에게 여러 번 혼이 났다.
나는 설득력이 강하다. 한 친구는 나에게 "너는 상대를 잘 설득하는 것 같아. 아마도 네 마음을 잘 전달하는 데 재능이 있는 것 같아."라고 말했다.	
나는 목표가 분명하고 경쟁적 상황에 처하면 열정이 생긴다. 학교 다니던 때에 대회 출전 같은 단기적 목표가 있을 때마다 열정적으로 도전했던 기억이 난다.	

홍 대리는 대략 정리한 강점, 약점 목록의 내용을 바탕으로 스

스로 질문을 던졌다.

"그렇다면 나에게 적합한 일은 무엇일까?"

질문과 동시에 머릿속에 답이 떠올랐다. 그것은 바로 영업 업무였다. 순간 막힌 곳이 뚫린 듯 머릿속이 시원해졌다. 그동안 찾아 헤매던 해결책이 바로 제 손안에 쥐어진 것만 같았다. 벅차오른 가슴이 조금 진정되자 홍 대리는 다시 책을 집어 들었다. 이제 더욱 구체적인 지식과 이해가 필요한 순간이라는 것을 알았기 때문이었다. 나의 강점이 무엇인지를 파악했다면 그다음에는 어떻게 해야 하지?

피터 드러커는 피드백 분석을 통한 결론으로 강점에 집중하라고 말한다. 즉, 강점을 통해 성과를 낼 수 있는 일을 해야 하며 강점을 충분히 발휘하는 데 필요한 지식을 얻기 위해 노력해야 한다는 것이다. 또 다른 결론은 목표 달성과 성과 향상에 방해되는 나쁜 습관을 고치고 아무리 해도 성과가 생기지 않는 일을 하지 말아야 한다는 것이다.

돌이켜 보니 홍 대리는 학교 다닐 때부터 자신의 부족한 점을 찾고 그것을 보완하는 데 초점을 두고 노력해 왔다는 생각이 들었다. 이를테면 수학 실력이 부족하면 수학 공부를 하고 영어 실력이 부족하면 영어 공부를 하는 식이었다. 성인이 되고 직장 생활을 하면서도 그런 식이었다. 자신을 포함한 대다수 직장인이 자신의 부족한 점을 찾고 그것을 메우기 위한 방식으로 자기계발하고 있다는 생각이 들었다. 그는 피드백 분석 결론을 정리하며 약점을 보완하는 방법으로는 결코 성과를 낼 수 없다는 것을 깨달았다.

홍 대리의 일하는 방식

홍 대리는 계속해서 책을 읽어 나갔다. 강점에 이어 피터 드러커가 주목한 것은 개개인은 저마다 다른 강점이 있을 뿐만 아니라, 일하는 방식에서도 각자 다른 모습을 보인다는 점이다. 피터 드러커는 사람들이 자신이 어떤 방식으로 일하고 있는지 모른다는 점을 지적하며 자신에게 맞는 방식으로 일하지 못하기 때문에 최고의 성과를 내지 못한다고 말한다.

홍 대리는 피터 드러커가 말하는 내용을 바탕으로 업무 스타일 체크리스트를 만들어 자신이 성과를 내는 방식에 대해 확인해 봤다.

홍 대리의 업무 스타일

내용을 이해하는 방식
☐ 읽는 자(어떤 내용을 읽었을 때 잘 이해하는 사람)
☑ 듣는 자(말하는 것을 들었을 때 잘 이해하는 사람)

학습하는 방식
☐ 스스로 말하는 것을 들으면서 배우는 사람
☑ 쓰면서 배우는 사람
☐ 실제로 실천하면서 배우는 사람

협력하는 방식
☑ 다른 사람과 어울려서 일을 할 때 잘하는 스타일
☐ 혼자일 때 일을 잘하는 스타일
(나는 다른 사람과 함께 일하면서 책임이 분명할 때 성과를 낸다.)

집중하는 방식
☐ 조용한 곳에서 혼자 있을 때 집중이 잘되는 사람
☑ 카페에서 오히려 집중이 잘되는 사람

업무 환경의 긴장도
☑ 변화와 긴장감 속에서 일을 더 잘하는 사람
☐ 구조화되고 예측이 가능한 환경에서 일을 더 잘하는 사람
(나는 약간 긴장감이 있어야 일을 열심히 한다.)

조직의 규모
☐ 거대한 조직의 작은 부분으로 존재할 때 일을 잘하는 사람
☑ 작은 조직에서 최고로 대접받을 때 일을 잘하는 사람

조직에서의 역할
☐ 의사결정자로서 결과를 얻는 보스 스타일
☑ 조언가로서 도움을 주는 참모 스타일

지금껏 한 번도 자신의 업무 스타일에 대해서 진지하게 생각해 본 적이 없는 홍 대리는 자신도 모르게 아하! 하고 감탄사를 내뱉었다. 자신이 일과 업무를 대하는 방식과 선호하는 것이 무엇인지를 확인하자 묘한 쾌감과 일을 잘할 수 있을 것 같은 자신감이 생겼다.

피터 드러커는 사람들이 성과를 내는 방식은 강점과 마찬가지로 타고난 기질이며 이것은 개선할 수 있지만 완전히 바뀔 가능성은 없다고 말한다. 애써 자신을 바꾸려고 노력하지 말라. 이것이 바로 피터 드러커의 결론이다.

홍 대리는 언젠가부터 사람들이 모든 것을 변화시켜야 한다는 강박에 시달리고 있다는 생각을 했다. 물론 변화하지 않으면 뒤처지고 도태될 수밖에 없는 경쟁 사회이지만 중요한 것은 변화시켜야 할 것과 변화시키지 말아야 할 것을 구분할 수 있는 판단력이라는 생각이 들었다. 홍 대리는 자신에 대해 더욱 많이 그리고 더 철저히 알아야겠다는 결심을 했다.

홍 대리의 가치관

피터 드러커는 젊은 시절에 자산 관리 전문가로서 탁월한 성과를 내며 그 일에 강점이 있다는 것을 확인했다. 하지만 부유한 사람으로 땅에 묻히는 것이 자신의 가치관에 부합하지 않았기 때문에 은행을 그만두었다는 경험을 소개하며 피터 드러커는 자신의 강점, 일하는 방식과 더불어 알아야 할 것으로 가치관을 말한다.

홍 대리는 잠시 생각에 잠겼다. 책을 덮고 '나의 가치관은 무엇인가?' 기억을 더듬어 보았다. 가치관이라는 단어는 흔히 쓰는 말이지만 정작 '나의 가치관은 무엇이다.'라고 말해 본 적은 없었던 것 같았다. 학교에 다닐 때는 좋은 대학에 가는 것이 중요했고 대학에 다닐 때는 좋은 직장에 들어가는 것이 가장 중요했다. 그래도 그때는 달성해야 할 중요한 목표가 있었는데 지금은 어떤가? 나는 무엇을 위해 살고 있을까? 여러 질문이 꼬리에 꼬리를 물었다. 세상의 시계에 맞추어 살다 보니 어느 순간 자신만의 길을 잃어버린 듯했다. 홍 대리는 책을 덮고 생각에 잠겼다. 자신이 원하는 삶이 무엇인지 생각해 보았지만 금방 결론이 나는 일은 아닌 것 같았다. '조급해하지 말고, 시간을 갖고 천천히 생각해 보자.' 마음이 좀 가벼워지자 홍 대리는 『프로페셔널의 조건』의 다음 장을 계속해서 읽어 내려갔다.

'한 사람의 가치관은 궁극적인 평가 기준이고 또한 궁극적인 평가 기준이 되어야 한다.'라는 짧은 문장이 눈에 들어왔다. 짧지만 강력한 메시지를 담은 문장이었다. 무언가 가슴을 치고 지나가는 듯했다. 많은 사람은 사회가 요구하는 기준 혹은 다른 사람이 내리는 평가와 평판에 따라 자신의 삶을 평가한다. 이제까지는 남의 기준으로 자신을 평가해 왔다면 자신의 삶의 목적에 따라 스스로의 삶을 평가하고 또 평가받는 것이 중요하고 옳다는 판단이 들었다.

지난 시간들을 돌아보니 홍 대리는 특정한 가치관이나 목적 없이 살아왔다는 것을 인정할 수밖에 없었다. 그리고 지금 자신이 일과 삶에서 고민하고 있는 문제의 원인이 바로 여기에 있다는 생각이 들었다.

피터 드러커는 성공적인 경력은 목표와 계획만으로 얻을 수 있는 게 아니라 자신의 강점, 일하는 방식 그리고 자신의 가치관을 앎으로써 기회를 맞을 준비가 되어 있는 사람들의 것이라고 말한다. 또한 이 3가지를 알면 자신이 어떤 일을 해야 할지 알게 되고 보통의 평범한 사람도 뛰어난 성과를 낼 수 있다고 말한다.

"그동안 나는 할 수 있다는 신념으로 도전해 왔지만 좋은 결과를 얻지 못했던 이유가 바로 여기 있었구나."

홍 대리는 잃은 길을 찾은 것 같아 마음이 탁 트인 느낌이었다. 이 시점에서 홍 대리는 마음속으로 결정을 내릴 수 있었다.

"그래. 내가 있어야 할 곳은 이곳 기획팀이 아니라 영업팀이야."

부서 이동

영업 업무에 강점이 있다는 결론을 내린 홍 대리는 회사 영업 업무인 금융자산투자상담사 일에 도전하기로 결정했다. 그런데 막상 결심하고 보니 걱정되는 일이 있었다. 가장 먼저 떠오른 건 가족들의 반대였다. 특히 아버지께서 크게 반대할지도 모르겠다는 생각에 마음이 무거웠다. 그러나 '두렵지만 해야 할 일을 하는 것이 진정한 용기다.'라는 말을 떠올리며 결심을 행동에 옮기기로 했다.

가장 먼저 홍 대리의 아군이 되어 줄 사람은 아내였다. 우선 피터 드러커의 책과 독서 체험을 소재로 아내와 대화를 시작했다. 그리고 이어서 직장 내 업무가 자신의 강점과 얼마만큼 맞는지 고민해 보았고, 비로소 나의 강점은 기획이 아닌 영업이라는 것을 확인했다고 조심스레 이야기했다. 이야기를 다 듣고 난 아내는 "당신 말이 맞는 것 같아. 나는 당신을 믿고 응원할 테니까, 열심히 해 봐!"라며 격려해 주었다. 예상 밖으로 선뜻 이해해 준 아내가 고마웠고 더 용기가 생겼다.

다음은 부모님을 설득할 차례였다. 홍 대리는 이제껏 단 한 번도 진로 문제로 부모님을 염려하게 하거나 속상하게 한 일이 없었다. 부모님이 원하는 대학에 들어갔고 부모님의 기대에 부응하는 회사에도 성공적으로 입사했다. 하지만 이제까지 자신의 인생과 관련된 결정이 사실은 스스로 내린 결정이라기보다 부모님의 기대에 맞춘 결과였다. 그래서 이번만큼은 스스로 방향을 정하고 싶었다. 주말에 부모님을 찾아가기로 약속하고 나니 마음이 비장해졌다.

주말이 되어 부모님과 식사를 마치고 소소한 대화가 이어졌다. 홍 대리의 얼굴이 뭔가 할 얘기가 있는 듯 보였는지 아버지가 먼저 말을 꺼냈다.

"그래, 할 얘기가 뭐니?"

"다름이 아니라, 제가 금융자산투자상담사 일을 해 볼 생각이에요."

아들의 갑작스러운 결심에 아버지는 적잖이 놀란 듯했다.

"아니 갑자기 왜?"

"사실은 그동안 말씀을 드리지 못했지만 부서 내에서 좋은 평가를 받지 못해 힘든 시간을 보내고 있었어요. 나름 잘하려고 노력했지만 일이 뜻대로 되지 않더라고요. 자신감은 자꾸 떨어지고 회사 생활이 행복하지 않았어요. 아무래도 기획 업무는 저에게 맞지 않는 것 같아요."

아들의 사정을 들은 아버지는 당황스러웠지만 부서를 아주 바꾸고 싶다는 아들의 말에 걱정이 앞섰다.

"그랬구나. 그런데 왜 굳이 힘든 영업을 하겠다는 건지 모르겠구나."

"왜냐하면 최근에서야 제가 영업 업무에 강점이 있다는 것을 깨닫게 됐거든요. 영업은 제가 가장 잘할 수 있는 일이라는 확신이 들어요. 이 일을 하면 회사 일도 더 즐거워질 거 같아요."

"그렇구나. 솔직히 부모로서 네가 영업 일을 한다는 것이 조금 걱정되기는 한다만 네가 행복하다면 더 할 말은 없구나. 이왕에 결심했다면 최선을 다해 보거라. 열심히 노력해서 네 생각이 옳았다는 것을 보여 주면 되지."

부모님께 이해를 구하고 나니 홍 대리의 마음은 날아갈 듯 가벼웠다. 다음은 기획팀장님을 설득할 차례였다. 부모님을 만나고 온 주말에는 기획팀장님을 어떻게 설득할 것인지 고민하며 전략을 세웠다. 그리고 정리한 내용을 머릿속으로 연습하며 월요일 출근길에 올랐다. 홍 대리는 간부 회의를 마치고 나오는 팀장님에게로 다가갔다.

"팀장님, 따로 드릴 말씀이 있습니다."

"왜, 무슨 일인데?"

두 사람은 회의실로 이동해 자리에 마주 앉았다.

"저, 가능하다면 영업 부서로 옮기고 싶습니다."

놀란 기색에 눈이 동그래진 팀장님은 곧 침착하게 물었다.

"오래 생각한 거야?"

"네."

잠시 침묵이 흘렀다.

"좋아, 한번 새롭게 시도해 봐!"

팀장님과의 대화는 의외로 쉽게 끝나고 말았다. 왜 그런 결정을 했는지 물어보지 않았다. 나름 준비해 간 이야기는 할 필요도 없었다. 너무 빨리 허락해 준 팀장님에게 서운한 생각도 들었지만 홍 대리는 결국 자신이 원하는 결과를 얻었다는 생각에 속이 다 시원했다. 앞으로 새로운 모습을 보여 줄 수 있을 것만 같은 자신감에 열정이 끓는 소리가 들리는 듯했다.

치즈 포스터

1998년에 출간되어 세계적인 베스트셀러가 된 『누가 내 치즈를 옮겼을까』의 주인공 '호'는 변화를 거부하다가 두려움을 극복하고 용기 있게 치즈를 찾아 나선다. 주인공은 치즈를 찾는 과정에서 깨닫게 된 생각을 미로의 벽에다 적어 놓는다. 벽에 쓰인 글귀들은 주인공의 변화를 돕고 치즈를 찾는 노력의 지침이 되며 도전하는 열정을 유지해 주는 자극제가 된다.

대학에 입학할 무렵 『누가 내 치즈를 옮겼을까』를 읽은 홍 대리는 앞으로 살면서 자신에게 좋은 영향을 주는 문장을 만나면 치즈 모양의 포스터를 만들어 책상 위 벽면에 붙이기로 했다. 짧지만 인생의 지혜를 담고 있는 문장을 자주 읽다 보면 도전하고 싶은 용기가 식지 않기 때문이다. 그리고 제일 먼저 만들어 붙인 치즈 포스터는 책에 나오는 '생각이 바뀌면 행동이 달라진다.'라는 문장이었다.

생각이 바뀌면
행동이 달라진다.

학창 시절의 습관을 떠올린 홍 대리는 『프로페셔널의 조건』을 읽으면서 자신에게 힘을 줄 것으로 판단되는 문장을 만나면 그때처럼 치즈 포스터로 만들어야겠다고 다짐했다.

사람은 오직 강점으로만
성과를 낼 수 있다.

한 사람의 가치관은
궁극적인 평가 기준이고 또한
궁극적인 평가 기준이어야 한다.

자신의 강점, 자신이 일하는 방식,
자신의 가치관을 앎으로써 기회를 맞을
준비가 되어 있는 사람만이
성공적인 경력을 쌓아 나갈 수 있다.

자신을 바꾸려고
노력하지 말라.

3. 올바른 목표를 설정한 홍 대리

새로운 업무의 시작

금융자산투자상담사가 되기로 결심한 홍 대리는 바로 자격 시험에 응시했고 합격 통지를 받았다. 고대하던 영업 지점으로 발령 난 것은 부서 이전을 신청한 지 3개월이 지나서였다. 그런데 막상 떠나려니 그동안 기획팀에서 함께 일했던 팀원들과 헤어지는 게 못내 아쉬웠다. 부서 이동을 앞둔 주말, 사무실에 가서 책상 위 물건들을 정리했다. 몇 년 사이에 쌓인 물건들이 적지 않았다. 오래된 자료들, 한 번 쓰고 바로 정리했어야 했던 물건들, 그리고 솔직히 필요치 않은 것들도 많아서 당장 어떻게 처리해야 할지 난감했다. 홍 대리는 우선 가지고 있는 모든 자료와 물건을 커다란 상자에 담아 두었다.

드디어 월요일, 홍 대리는 발령지인 경기도 분당 영업 지점으로 첫 출근을 했다. 누군가 기획팀에서 영업팀으로 부서 이동을 한다는 소문이 이미 퍼져 있던 터라 영업 지점의 직원들은 호기심을 가지고 홍 대리를 반갑게 맞아 주었다.

"오늘부터 여러분과 함께 일하게 된 홍반석 대리입니다. 아시겠지만 저는 금융자산투자상담사로서 경험이 없고 지식도 없습니다. 신입 사원이라고 생각하고 열심히 노력하여 지점에 공헌하는 사람이 되겠습니다."

마침내 자신의 강점이라고 생각한 영업 부서로 옮긴 홍 대리는 마음속으로 정말 잘해야겠다고 다짐했다. 하지만 금융 자산 투자 업무에 무지한 상태라 무엇을 어떻게 해야 할지 막막하기만 했다. 새로운 동료들은 친절하게 업무의 기본에 대해서 설명해 주었지만 어떤 업무가 우선순위이고 또 무엇이 중요한 것인지 금방 파악하기는 어려웠다.

이러다가 기획팀에서처럼 무능한 사람으로 찍히는 건 아닌가 하는 아찔한 기분도 들었다. 가능한 한 새로운 업무에 빨리 적응해서 무언가 성과를 내고 싶다는 욕심이 크면 클수록 마음은 더욱 조급해졌다. 갈피를 잡지 못하고 있는 순간, 부서 이동을 하면서 새로운 책상 위에 꽂아 놓은 책이 눈에 들어왔다. 『프로페셔널의 조건』이었다. '그래, 어쩌면 여기에 답이 있을지 몰라.' 급한 마음에 손을 뻗어 책을 꺼내 목차를 살펴봤다. 목차 중 '어떻게 성과를 올릴 것인가?'가 눈에 들어왔다. 그 문장은 마치 홍 대리의 고민을 그대로 표현하고 있는 듯했다.

공헌에 초점을 맞춘 홍 대리

피터 드러커는 지식노동자가 할 일은 최대한 높은 성과를 내고 업무 목표를 달성하는 것이라고 말한다. 그것은 곧 지식노동자의 책임을 뜻한다. 홍 대리는 우선 지식노동자의 개념부터 명확히 알아야겠다고 생각했다. 마침 책에는 육체노동자와 지식노동자를 비교하는 내용이 나와 있어 이해하기가 쉬웠다. 지식노동자의 개념을 정리하면 다음과 같다.

육체노동자는 근육으로 일하는 사람이다. 그들에게 필요한 것은 주어진 일을 할 수 있는 능력이며 최고의 목표는 능률적으로 일하는 것이다. 육체노동자의 결과물은 언제든지 양과 질을 기준으로 평가받는다. 산업화 시대의 조직은 육체노동자가 대다수

였고 그들에게 업무 지시를 하는 감독관은 몇 명이면 충분했다. 한마디로 육체노동자는 위에서 시키는 일을 잘하면 그만이었다.

지식이 핵심 자원이 된 현대 사회는 지식을 이용해 일하는 지식노동자가 다수가 되었다. 말 그대로 지식노동자는 지식을 이용해 일하는 사람들이다. 그리고 그들의 존재 가치는 조직의 목표 달성에 얼마만큼 공헌하느냐로 평가된다. 지식노동자에게 요구되는 것은 높은 성과이다. 즉 올바른 목표를 달성하는 것으로 평가받는다. 그러므로 지식노동자는 스스로 목표를 설정하고 일해야 한다. 한마디로 지식노동자는 알아서 일하고 또한 잘해야만 한다.

홍 대리는 자신을 포함해 조직에서 일하는 사람들 대부분이 지식노동자라는 사실을 깨달았다. 하지만 그것만으로는 자신이 회사에서 무엇을 어떻게 해야 하는지 구체적으로 가늠하기는 어려웠다. 마음이 답답하고 또 조급해졌다. 혹시 이 정도 수준의 이야기로 끝나는 것은 아닌지 조바심마저 들었다. 그러나 다음 장을 펼치는 순간, 홍 대리의 눈에 한 문장이 들어왔다. 거기에 답이 있었다.

"성과를 내는 사람은 공헌에 초점을 맞춘다." 피터 드러커는 성과를 내는 지식노동자가 되기 위해서는 자신이 하는 일이 최종적으로 어디에 공헌해야 하는지를 고민해야 하고 거기에 공헌하기 위해 자신의 책임이 무엇인지를 알아야 한다고 말한다. 사실 처음에는 그 말이 머리에 쏙 들어오지는 않았다. 홍 대리는 '글을 백 번 읽으면 그 뜻이 저절로 드러난다(讀書百遍義自見).'라는 말을 생각하면서 그 문장을 읽고 또 읽었다. 그러자 그 의미가 조금씩 분명하게 다가왔다.

야구팀의 모든 선수들은 외야수든 내야수든 팀 승리에 공헌하기 위해 자신의 포지션에서 책임을 다한다. 마찬가지로 직장의 어떤 부서와 직책에서 일하든 누구나 자신이 최종적으로 어디에 공헌해야 하는지를 알아야 하고 그 목표를 위해 자신의 위치에서 어떤 성과를 내야 하는지 이해해야 한다. 이렇게 정리하니 홍 대리의 머릿속이 환해지는 듯했다. 생각해 보면 너무나 당연하고 또 쉬운 내용이었다. 그동안 홍 대리는 자신이 공헌해야 할 조직의 성과가 무엇이고 거기에 공헌하기 위한 나의 성과는 무엇이어야 하는지에 대해 분명한 개념이 없었다는 생각이 들었다. 이제 문제를 알게 되었으니 그에 대한 해답을 구해야 할 차례였다. 홍 대리의 고민은 더욱 깊어만 갔다.

한참을 고민하는 중, 홍 대리는 문득 다른 책에서 읽은 피터 드러커의 5가지 질문이 떠올랐다. 첫째, 우리의 사명은 무엇인가?(What is our mission?) 둘째, 우리의 고객은 누구인가?(Who is our customer?) 셋째, 고객이 가치 있게 여기는 것은 무엇인가?(What does the customer value?) 넷째, 우리의 결과는 무엇인가?(What is our result?) 다섯째 우리의 계획은 무엇인가?(What is our plan?)

"그래, 이거야!" 홍 대리는 새로운 깨달음을 얻는 기쁨을 누리며 다시 생각을 정리했다. 조직에 공헌하기 위한 나의 사명은 무엇인가? 나의 고객은 누구인가? 나는 고객에게 어떤 가치를 제공해야 하는가? 고객을 만족시키기 위해 내가 만들어야 할 결과는 무엇인가? 결과물을 만들기 위해 어떻게 해야 하는가? 홍 대리는 피터 드러커의 5가지 질문을 자신의 이야기로 바꾸어서 공헌에 초점을 맞추는 방법을 공식의 형태로 정리해 봤다. 그 순간, 마치 어려운 수학 문제를 풀 때 모든 걸 해결해 줄 공식이 생각난 느낌이었다.

> 나는 ____로서(역할) ____에게(고객) _____을(가치) 제공한다.

홍 대리는 이 문장을 '공헌 문장'이라고 이름 붙이기로 했다. 우선 남편으로서의 공헌 문장을 만들어 보기 시작했다.

'나는 남편으로서 나의 고객인 아내에게……'

거기까지는 생각이 금방 났는데, 그다음은 잘 생각이 나지 않았다.

'아내에게 제공해야 할 가치는 무엇인가?'

답이 떠오르지 않자, 홍 대리는 바로 아내에게 전화를 걸었다.

"당신은 남편인 내게 바라는 게 뭐야?"

"갑자기 그런 건 왜 물어?"

아내는 묻는 말에 대답하는 대신 이상하다는 투로 되물었다.

"설명은 나중에 할게, 우선 내 질문에 대답해 봐."

"음……."

아내는 잠시 생각하는 듯하더니 한꺼번에 자기가 바라는 것들을 줄줄이 늘어놨다.

"돈 잘 벌어 오고, 항상 건강하고, 아이 잘 돌봐 주고, 교회 열심히 다니고, 그리고……"

아내의 바람은 그칠 줄 몰랐다. 홍 대리는 전화를 끊고 곰곰이 생각하며 공헌 문장을 완성했다.

> 나는 남편으로서 나의 아내에게 항상 든든한 옆자리를 제공한다.

아마도 아내는 매사에 최선을 다하고 든든한 모습으로 옆에 있어 주는 남편의 모습을 기대하고 있는 것 같았다.

계속해서 홍 대리는 자신의 다른 역할을 중심으로 또 다른 공헌 문장을 만들어 보았다. 고민 끝에 몇 가지 공헌 문장을 만들어 보니 제법 감도 생기고 괜찮은 문장을 만들어 낼 수 있는 능력이 생긴 것 같았다. 그러면서 홍 대리는 일하는 사람으로서 공헌 문장을 만든다는 것이 얼마나 중요한 일인지를 깨달았다. 만일 공헌 문장 만들기의 달인이 된다면 삶에 큰 변화가 일어날 것 같은 예감이 들었다. 자신이 가진 다양한 역할에 관련된 공헌 문장을 만들면 그 역할을 잘하기 위한 올바른 목표를 세우게 되고 에너지를 집중할 수 있을 것이다. 그러면 일에서나 삶에서 시간과 자원을 낭비하지 않고 자신이 맡은 일에서 높은 성과를 내는 사람이 될 수 있을 것이라는 확신이 생겼다.

홍 대리의 업무 공헌

평소보다 일찍 집에 들어온 홍 대리는 아내와 저녁 식사를 마치고 서재로 가서 책상에 앉았다. 그리고 '성과를 내는 사람은 공헌에 초점을 맞춘다.'라는 문장의 의미를 되새기며 영업 지점 금융자산투자상담사로서 공헌 문장을 만들기 위해 자문자답을 시작했다.

"나는 누구인가?"

"나는 금융투자회사 영업 지점 금융자산투자상담사이다."

"나의 고객은 누구인가?"

"나의 고객은 자신의 금융 자산이 늘어나길 원하는 사람들이다."

"나는 고객에게 어떤 가치를 제공해야 하는가?"

이번엔 즉각 답이 나오지 않았다.

'금융 투자 서비스를 제공한다.'

'높은 투자 수익률을 제공한다.'

몇 가지 대답을 생각해 보았으나 확신이 들지 않았다.

"이건 내가 결정할 문제가 아니야. 답은 고객에게 있는 거야."

홍 대리는 주변 지인들에게 금융자산투자상담사에게 무엇을 바라는지를 물어보았다. 대부분은 높은 투자 수익률과 더불어 안정성을 원한다는 대답이 돌아왔다. 자산을 관리하는 즐거움을 제공해 주었으면 한다는 의외의 답변도 있었다. 홍 대리는 주변의 다양한 의견을 종합해서 공헌 문장을 만들어 보았다.

나는 영업 지점 금융자산투자상담사로서 자신의 금융 자산이 늘어나길 원하는 고객에게 안정적인 투자 수익률과 자산 관리의 즐거움을 제공한다.

공헌 문장을 정리하니 조직 성과에 공헌하기 위한 자신의 책임이 명확하게 보이기 시작했다. 홍 대리는 공헌 문장에 근거해서 해야 할 일이 무엇인가를 고민하고 구체적인 목표를 다음과 같이 설정해 보았다.

- 금융 자산 투자 관련 지식을 습득하기 위해 사내 외 교육 프로그램을 수강한다.
- 국내 최고 CS(고객 만족) 교육 과정을 이수한다.
- 언제라도 도움을 받을 수 있는 분야별 멘토를 정한다.
- 고객 심리를 이해할 수 있는 도서 10권을 읽고 정리한다.
- 자산 관리를 하게 되면 홍 대리를 통해 하겠다는 잠재 고객을 100명 확보한다.

공헌 문장을 완성하고 목표까지 세우고 나니, 긴 터널의 끝에서 빛이 보이는 듯했다.

"이제 공헌에 초점을 맞추고 목표를 이루는 데 에너지를 집중하면 되겠구나."

홍 대리는 바로 각각의 목표를 달성하기 위한 계획을 세우기 시작했다. 시간 가는 줄 모르고 궁리하다 보니 어느새 아침이 밝아 오고 있었다.

"아직도 내게 이런 열정이 남아 있다니!"

홍 대리는 자신도 모르게 혼잣말을 중얼거렸다. 몸은 피곤했지만 알 수 없는 열정이 솟아나는 듯했다.

한숨도 못 잔 탓에 눈은 감기고 몸은 피곤했지만 홍 대리의 정신은 그 어느 때보다 맑고 희망으로 가득했다. 최대한 빨리 간밤에 세운 계획을 실천하고 싶은 열정에 조바심이 생겼다. 홍 대리는 제일 먼저 인터넷을 통해 CS(고객 만족) 교육 과정을 검색했다. 마침 일주일 뒤에 시작하는 영업 사원 CS 교육 과정(매주 금·토요일에 실시하는 3개월 과정)이 눈에 띄었다. 홍 대리는 고민 없이 바로 등록을 마치고 내친김에 고객 심리 분석 관련 도서를 검색하여 몇 권의 책도 주문했다.

그러던 어느 날, 금융투자회사에서 임원으로 일하는 처가 쪽 친지가 문득 생각났다. 그분은 오랫동안 펀드 매니저로 일했고 탁월한 실적으로 조직에서 인정받아 임원이 된 분이었다. 아내는 인격적으로도 훌륭하신 분이라고 알려 주었다. 이분이라면 왠지 최고의 멘토가 되어 줄 것 같은 생각이 들었다. 그러나 한 번도 왕래가 없던 먼 친척이라 어떻게 연락해야 할지 고민스러웠다. 그래도 용기를 내어 직접 연락해 보는 것 말고는 달리 방법이 없었다. 홍 대리는 바로 이메일을 보냈다.

안녕하세요. 저는 열린투자금융사 분당 지점에 근무하고 있는 홍반석 대리입니다. 그리고 저의 처는 상무님의 처사촌 조카 나예은입니다. 특별히 찾아뵐 기회는 없었지만 처가 쪽의 훌륭한 어른이라는 말씀을 많이 들었습니다. 다름이 아니라 저는 회사 기획팀에서 일하다가 최근 영업 지점에서 금융자산투자상담사로 일하게 되었습니다. 영업 지점은 제가 자원했지만 새로운 일에 대한 경험과 지식이 없어서 무엇을 어떻게 해야 할지 막막한 상태에 있습니다. 이런 상황에서 올바른 길을 안내해 줄 멘토의 필요성을 절실히 느끼고 있습니다. 상무님께서는 금융 자산 투자에 관한 지식과 실무 경험도 많으셔서 이 분야 최고 전문가로 존경받고 있다고 들었습니다. 상무님께서 저의 멘토가 되어 주신다면 큰 영광이고 저의 새로운 도전에 큰 힘이 될 것입니다. 급한 마음에 찾아뵙고 인사도 드리기 전에 이렇게 어려운 부탁을 드리게 되어 죄송합니다. 가능한 한 빠른 시일 내에 찾아뵙겠습니다. 항상 건강하십시오.

홍반석 올림

한편 홍 대리는 본격적인 영업 업무에 앞서 잠재 고객의 목록을 작성하고, 선배들에게 조언을 구하며 목록에 있는 사람들을 만나기 위한 계획을 세웠다. 공헌에 초점을 맞춘 목표를 세우고 그 목표를 달성하기 위한 계획을 세우며 여기저기 뛰어다니다 보니 어느새 한 달이라는 시간이 훌쩍 지나갔다. 어떻게 시간이 흘러갔는지 모를 정도로 정신이 없었지만 진짜 열심히 살았다는 생각에 가슴이 뿌듯했다. 물론 첫 달의 실적은 없었지만 이제야 비로소 출발선에 선 기분이었다.

성과를 내는 사람은 공헌에 초점을 맞춘다.

우리의 사명, 고객, 고객이 원하는 가치, 그리고 우리의 결과, 계획은 무엇인가?

나는 _____로서
_____에게
_____을 제공한다.

4. 시간 관리를 잘하는 홍 대리

할 일은 많고 시간은 없고

첫 달의 실적은 없었지만 오히려 잘할 수 있다는 자신감이 생겼다. 잠재 고객을 만날 때는 공헌 문장을 상기하며 더 높은 공헌을 하겠다는 마음으로 최선을 다해 상담을 진행했다. 그러자 실적이 조금씩 늘어나고 홍 대리만의 고객들도 생겨나기 시작했다.

"정말 열심히 하시네요. 느낌이 좋습니다. 언제고 금융 자산을 관리할 일이 있으면 꼭 홍 대리님에게 부탁드리겠습니다."

고객이 자신의 노력을 인정해 줄 때면 홍 대리는 짜릿한 기분이 들었고 결과가 눈에 보이면서부터는 무언가 해낸 것 같은 성취감에 잠도 잘 오지 않을 정도였다. '입사 이후에 일이 이렇게 즐거웠던 적이 있었나?' 싶을 정도였다. 매일 아침이면 새로운 열정으로 몸과 마음이 충전되는 것만 같았다. 새로운 업무에 대한 불안감은 이미 사라진 지 오래였다. 실적이 생기고 자신이 관리해야 할 고객이 늘어나면서 일과 생활이 조금씩 안정되어 갔다.

하지만 그런 안정감을 느낀 것은 잠깐이었고 홍 대리는 새로운 고민에 빠졌다. 고객이 늘어나면서 점점 할 일이 많아졌다. 처음에는 업무량 증가가 성취감으로 이어졌지만 야근까지 이어지는 업무량은 도저히 열정만으로 해결할 수 없는 문제가 되고 만 것이다.

그렇다고 당장 해야 할 일을 미루고 고민만 하고 있을 수도 없었다. 일은 파도처럼 계속해서 밀려왔고 한 가지 업무가 끝나면 다음 일이 기다리고 있었다. 이러다 한 가지 일도 제대로 하지 못할 것 같아 불안하기까지 했다. 그러던 중 신입 사원 교육에서 강사가 들려주었던 비유 하나가 떠올랐다. 톱날을 갈지 않은 채 톱질하는 사람의 이야기였다.

깊은 산속에서 나무꾼이 나무를 베고 있었다. 그는 비 오듯 땀을 흘리며 열심히 톱질을 했다. 마침 그곳을 지나던 행인이 나무꾼을 보게 되었다. 일은 열심히 하는 거 같은데 톱의 날이 너무 무더져 있어 도무지 일에 효율이 없어 보였다. 그는 안타까운 마음으로 말을 건넸다.

"이보시오. 잠시 시간을 내어 톱날을 갈고 하는 것이 어떻겠소?"

그러자 나무꾼은 귀찮은 듯 퉁명스럽게 말했다.

"내가 지금 톱질하기도 바쁜데 한가하게 그럴 시간이 어디 있습니까?"

'내가 바로 무딘 톱을 갈지 않고 일하는 그 나무꾼이지 않을까? 톱날을 갈듯, 지금 내가 해야 할 노력은 무엇일까?' 홍 대리는 스스로에게 질문을 던졌다.

그때 피터 드러커의 책이 생각났다. 고민스러운 순간에 큰 도움이 되었던 그의 지혜가 떠올라 책을 찾아 다시 펼쳤다. 여러 조언 중에서 이번에는 시간 관리에 관한 부분을 집중적으로 읽기 시작했다.

피터 드러커는 자신이 관찰한 바로, 높은 성과를 내는 사람은 일을 시작할 때 계획을 수립하는 것에 앞서 그 일에 실제 사용할 수 있는 시간을 파악하는 것부터 시작한다고 말한다. 홍 대리는 단박에 자신의 문제를 파악할 수 있었다. 자신감으로 계획을 세우고 일을 추진했지만 계획대로 되지 않은 이유는 자신이 실제 사용할 수 있는 시간을 제대로 고려하지 않았기 때문이었다.

피터 드러커는 인간이 가진 여러 감각 중 가장 믿을 수 없는 감각은 시간 감각이라고 했다. 그러므로 시간 관리를 위해서는 자신이 어떤 일에 얼마만큼 시간을 쓰고 있는지 알아야 하고 시간 관리는 거기에서부터 출발해야 한다고 말한다. 그가 제시한 시간 관리의 절차는 다음과 같다. 첫째, 3주가량의 시간을 기록하고 분석한다. 둘째, 낭비가 되거나 불필요한 시간을 없애 버린다. 셋째, 가장 중요한 일에 연속하여 활용할 수 있는 시간을 만들어 낸다.

홍 대리의 시간 기록

홍 대리는 피터 드러커가 제시한 방법을 따라 해 보기로 결심했다. 제일 먼저 할 일은 내가 시간을 어떻게 쓰고 있는지 아는 것이다. 우리는 돈을 관리할 때 수입과 지출을 기록한다. 이와 마찬가지로 시간을 관리하고자 한다면 얼마만큼의 시간을 어디에 어떻게 쓰는지 알아야 하는 것은 너무도 당연하다. 사실 사람들은 돈의 지출과는 비할 수 없을 만큼 수없이 많은 시간을 쓰고 있다. 그런 시간을 기록하지 않고 관리한다는 것은 불가능하다.

"그래. 우선 내가 쓰는 시간을 기록해 보자."

홍 대리는 실천을 다짐했지만 걱정도 됐다.

"안 그래도 바쁜데 내가 24시간 하는 일과 시간을 하루 종일 기록할 수 있을까?" 홍 대리는 걱정은 나중에 하기로 하고 일단 계획대로 실행해 보기로 했다. 우선 시간과 내용을 적을 수 있는 기본 양식을 만들고 그날 아침부터 사용한 시간을 구분하여 기록해 보았다.

홍 대리의 하루 기록

시간	양	내용
00:10–06:00	5시간 50분	잠
06:00–06:15	15분	전일 해외 증권 동향 및 이슈 확인
06:15–06:50	35분	출근 준비
06:50–07:30	40분	이동
07:30–07:50	20분	아침 식사 및 인터넷 기사 확인

07:50–08:10	20분	국내 증권사 리포트 점검
08:10–08:30	20분	지점 회의
08:30–08:50	20분	주식 스터디 모임(단톡 방), 주가 예상
08:50–09:00	10분	휴식
09:00–11:30	2시간 30분	시장 상황 주시, 매매, 고객 통화
11:30–12:00	30분	점심 식사
12:00–15:00	3시간	매매, 투자 권유
15:00–16:00	1시간	당일 시장 분석
16:00–16:30	30분	고객 잔고 파악
16:30–17:30	1시간	내방 고객 상담
17:30–18:00	30분	이동
18:00–20:00	2시간	투자자 모임 참석
20:00–21:30	1시간 30분	와인 바에서 뒤풀이
21:30–22:40	1시간 10분	귀가
22:40–23:00	20분	취침 준비

홍 대리에게 오늘 하루도 바쁜 하루였다. 밤 11시가 되어서야 겨우 여유가 생겨 하루 동안 기록한 내용을 살펴보았다. 우선 걱정과 다르게 시간 기록은 그리 어렵지 않았고 업무에 지장을 주지도 않았다. 오히려 홍 대리는 시간을 기록하면서 자신이 무엇

을 하고 있고 무슨 일을 해야 하는지를 의식하면서 시간을 보냈다. 그 결과 시간 낭비 없이 일에 집중할 수 있었고 평소보다 많은 일을 만족스럽게 해낼 수 있는 날이 됐다.

홍 대리는 피터 드러커의 권유대로 3주간의 시간 기록을 실천해 보았다. 때때로 시간 기록하는 것을 잊어버려 지나간 시간에 뭘 했는지 한꺼번에 기록하느라 고생하기도 했다. 그리고 실제로 일을 시작한 그 시점에 기록하지 않으면 안 된다는 것을 깨달았다. 그렇게 꾸준하게 3주 동안 시간 사용을 기록해 보니 제법 노트가 두툼해졌다. 노트의 두께만큼 뭔가 큰 성과를 얻은 것 같아서 마음이 뿌듯했다.

이어서 홍 대리는 3주간의 기록 내용을 종합하고 분석했다. 다양한 일을 하면서 보낸 시간들을 종합적으로 분석하는 것은 생각보다 어렵고 많은 시간이 걸렸지만 분석 내용을 살펴보는 것은 흥미진진한 일이었다.

홍 대리의 시간 분석

항목	시간의 양	내용	평가
출퇴근	왕복 80분	자거나 스마트폰을 함	약 30분 낭비함
지점 회의	1일 30분	매일 쫓기듯이 진행됨	
개장 전 준비	1일 20분	주식 스터디, 단톡 모임, 주가 예상 활동	
주식 시장 대응	1일 3시간	시장 주시, 매매, 고객 통화 (상담 및 투자 권유) 등	
고객 데이터 분석 및 정리	1일 30분		충분한 시간을 할애하지 못함
고객 방문 미팅	1일 3시간	이동 시간이 많고 실제 대면 시간은 평균 30분 정도임	효율적이지 못함
금융 자산 관리자 포럼	1회 8시간	월 1회 참석	
회식	1회 평균 3시간	주 1회 참석	꼭 참석하지 않아도 되는 자리도 있음
TV	주말 5시간		대부분 낭비 시간임
수면	평일 6시간	취침 시간이 규칙적이지 않음. 주말에는 너무 늦게 자고 늦게 일어남	

낭비 요소를 제거한 홍 대리

시간 기록을 분석하고 종합한 결과를 보자, '아하~' 하는 소리가 절로 나왔다. 홍 대리는 자신이 생활하고 있는 모습을 한 장의 종이로 볼 수 있다는 것이 신기했다. 전혀 의식하지 못한 일에 시간을 쓰고 있는 것도 알 수 있었고 어떤 일에는 자신이 생각한 것보다 훨씬 많은 시간을 사용한 것도 놀라웠다.

피터 드러커는 시간을 기록하고 분석한 다음에는 시간을 낭비하는 비생산적 활동을 찾아내어 제거하라고 말한다. 제일 먼저 제거해야 하는 것은 전혀 필요 없는 일이다. 그것은 곧 시간만 낭비하는 일을 의미한다. 방법은 간단하다. '만약 이 일을 시작하지 않았더라면 어떤 일이 일어났을까?'라는 질문을 하고 그 답이 '아무런 문제도 없었을 것이다.'라면 그 일을 당장 그만두어야 한다.

홍 대리는 피터 드러커가 제시한 첫 번째 질문에 따라 낭비 요인을 제거해 보기로 했다. 실제 자신이 기록하고 분석한 내용 중에는 불필요한 일이라고 판단되는 시간이 적지 않았다. 그동안 바쁘게 지냈던 이유 중 하나가 하지 않아도 될 일을 하고 있었기 때문이라고 생각하자 한 대 얻어맞은 느낌이었다. 피터 드러커는 자신이 만난 지식노동자 중에 업무 시간의 4분의 1에 해당하는 잡다한 비핵심적인 업무들을 내다 버려서 안 되는 사람을 한 명도 본 적이 없다고 말한다. 홍 대리 역시 예외가 아니었다.

피터 드러커는 두 번째로 제거해야 할 비생산적 활동은 자신의 시간 기록 내용 중에 다른 사람이 나보다 더 잘할 수 있는 일이라고 말한다. 홍 대리는 자신이 하는 몇 가지 일은 굳이 자신이 하지 않아도 되는 일이라는 결론을 내릴 수 있었다. 우선 매월 1회 꼬박꼬박 참석해 온 금융 자산 관리자 포럼에는 참석하지 않기로 했다. 앞으로는 굳이 참석하지 않고도 포럼에 함께 참석해 온 영업지원팀의 오 대리를 통해 주요 정보를 확인할 수 있다는 판단이 들었다. 내친김에 홍 대리는 오 대리를 만나 그런 생각을 전달했다.

물론 오 대리는 홍 대리와 함께 더 이상 포럼에 같이 가지 못한다는 사실에 서운해했지만 홍 대리의 요청에 따라 도움을 주기로 했다. 피터 드러커는 '권한 위임(Empowerment)'의 본질은 중요한 일에 집중하기 위한 시간을 확보하기 위한 것이라 말한다. 즉, 자신이 해야 할 중요한 일에 집중하기 위해 자신이 하지 않아도 되는 일을 다른 사람에게 넘기는 것이다. 언젠가 사내 교육에서 강사가 권한 위임을 리더십의 중요한 요소로 꼽고 동기 부여하는 방법이라고 설명한 것이 떠올랐다. 홍 대리는 권한 위임의 본질을 이해하는 순간, 자신도 모르게 '아하~!' 하고 감탄사를 내뱉었다.

피터 드러커가 세 번째로 꼽은 비생산적 활동은 다른 사람에게 도움을 주기는커녕 오히려 그들의 시간을 낭비하는 일이다. 그러므로 이런 일이 무엇인지 찾아서 바로 멈춰야만 한다. 그렇다면 어떤 일이 타인의 시간 낭비의 주범인지 시간 기록 분석을 통해 알 수 있을까? 피터 드러커의 대답은 '아니오(No)'이다. 가장 효과적인 방법은 당사자에게 직접 물어보는 것이다.

홍 대리는 업무에서 반드시 제거해야 하는 세 번째 요소가 무엇인지 알고 싶어졌다. 해답을 알기 위해서는 용기가 필요했다. 왜냐하면 이 문제는 다른 사람의 의견을 물어야 하기 때문이다. 마침내 홍 대리는 용기를 내어 동료와 후배 그리고 상사에게 질문해 보았다. 혹시 자신이 그들의 시간을 낭비하는 일이 있는지를. 다들 그런 일이 없다고 대답했다. 아무래도 대답하기 곤란한 질문이어서 그렇게들 대답했는지도 모른다. 그래서 홍 대리는 질문하는 이유를 솔직하게 설명했다. 그리고 자신이 상대방의 시간을 낭비하는 일이 있는지 다시 진지하게 물어보았다. 다행히 아직은 그런 일은 없다는 것을 확인하자 적잖이 안도가 되었다.

홍 대리는 피터 드러커가 권장한 대로 3주간 시간을 기록하고 분석하여 낭비 시간을 제거하기 위해 노력했다. 그 결과로 거의 30% 가까운 낭비 시간이 버려졌고 그만큼의 시간이 남게 되었다. 시간 관리 노력을 통해 불필요한 시간을 버리는 과정을 돌아보니 당초에 예상했던 것보다 훨씬 큰 결과가 만들어진 것 같았고 자동차에 기름이 아직 충분히 남은 것 같은 여유가 생긴 느낌이었다.

피터 드러커는 시간 관리의 마지막 단계는 가능한 한 시간을 연속적으로 묶는 일이라고 말한다. 지식노동자들이 해야 할 일은 대개 질적 목표이기 때문에 일정 시간을 연속적으로 사용하는 경우가 많다. 예를 들어 보고서 초안 작성에 평균 7시간이 걸린다고 가정하자. 그 7시간을 오전 30분, 오후 30분씩 7일간 쓰면 제대로 된 결과가 나올 수가 없다. 보고서 초안 작성과 같은 지식 업무는 7시간을 연속적으로 집중하여 사용해야만 제대로 된 결과물을 만들어 낼 수가 있다. 가용 시간의 연속적 투입이 중요한 이유가 여기에 있다. 피터 드러커는 필요한 시간을 짧은 단위로 나누어 쓰다 보면 전체 시간을 다 투입해도 제대로 결과를 얻을 수 없다고 강조한다.

그동안 하다 만 일이 참 많았다는 사실에 홍 대리는 깊은 한숨을 내쉬었다. 시간 관리에 3단계가 있다는 것을 알게 되자, 시간 관리란 결국 중요한 일에 집중하기 위한 시간을 만들어 내는 활동이라는 것을 깨달았다. 다시 말해 시간이 없다는 의미는 아예 화장실조차 갈 시간이 없다는 의미가 아니라 중요한 일에 집중할 수 있는 연속적 시간을 만들지 못한다는 의미임을 알게 된 것이다.

피터 드러커는 생산적인 반나절 혹은 2주일의 시간을 손에 넣기 위해서는 엄격한 자기 관리가 필요하고 'No'라고 말할 수 있는 강철 같은 결심이 필요하다고 말한다. 홍 대리는 피터 드러커가 매년 여름만 되면 2주일간의 시간을 할애해서 자신의 중요한 성과와 관련하여 피드백 분석을 했다는 얘기가 문득 생각났다. 아마도 피터 드러커는 자신에게 중요한 시간을 만들기 위해 엄격한 자기 관리를 했으리라고 짐작이 됐다. 홍 대리는 피터 드러커가 말한 시간 관리의 내용을 다음과 같이 요약해 보았다.

일하는 사람들이 자신의 고객을 만족시킬 수 있는 높은 성과를 내기 위해서는 상당한 시간을 중요한 일에 집중해야 한다. 그러나 현대 조직에서 일하는 지식노동자에게는 그런 시간이 좀처럼 주어지지 않는다. 그러므로 강철 같은 마음으로 시간 낭비 요소를 제거하려는 노력을 통해 중요한 일에 집중할 수 있는 시간을 만들어 내야만 한다.

홍 대리는 나름대로 시간 관리를 한 적이 있었다. 아이러니하게도 시간이 없을 때는 시간 관리를 생각하지 못했고 오히려 시간 여유가 생겼을 때 주로 자투리 시간을 활용하는 정도의 노력을 했던 기억이 있다. 사실 많은 사람이 자투리 시간을 관리하며 스스로 시간 관리를 잘하고 있다고 뿌듯해한다는 생각이 들었다. 사람들의 그런 모습을 상상하니 갑자기 피식 웃음이 나왔다.

홍 대리는 피터 드러커가 말한 대로 지속적인 노력이야말로 시간 관리의 가장 중요한 본질이라는 것을 새삼 깨달았다. 피터 드러커는 희소 자원인 시간을 관리하지 못하는 사람은 아무것도 관리하지 못한다고 말하며 자기 시간을 스스로 분석하는 것은 자신에게 정말 중요한 일이 무엇인지 생각하게 하는 쉽고 체계적인 방법이라고 강조한다. 홍 대리는 세상을 구성하고 있는 사람들이 결국 삶에서든 일터에서든 한정적 자원인 시간을 누가 더 잘 관리하느냐, 즉 누가 자신에게 필요한 시간을 만들어 내느냐의 경쟁을 한다는 것을 깨달았다. 결론적으로 시간 관리는 자신에게 필요한 시간을 만들기 위한 활동이며 그것은 누구나 노력하면 할 수 있는 일이다.

중요한 일에 집중하는 홍 대리

시간 관리의 단계를 정리한 홍 대리는 앞으로 시간 관리를 잘할 수 있을 것 같은 생각에 가슴이 뿌듯해졌다. 그런데 홍 대리는 문득 궁금해졌다. '아무리 시간 관리를 잘한다고 해도, 중요한 일이 너무 많으면 한계가 있지 않을까?' 홍 대리는 『프로페셔널의 조건』에서 스쳐 지나가듯 읽었던 해리 홉킨스의 이야기가 생각났다.

해리 홉킨스(Harry Hopkins)는 제2차 세계 대전 당시 미국의 프랭클린 루스벨트 대통령의 측근 참모였다. 당시 홉킨스는 치명적인 질병을 앓고 있었지만 전시 상황이어서 일선에서 물러날 수가 없었다. 그나마 격일로 출근하며 하루에 고작 몇 시간 정도만 업무를 검토할 수 있을 정도였다. 그래서 그는 가장 중요한 일에만 집중해야만 했다. 그런데도 홉킨스의 업무 성과는 높았고 오히려 그 누구보다 더 많은 일을 해냈다.

'전쟁 상황에서 모든 사람이 정신없이 일을 했을 텐데, 남들보다 적은 시간을 쓰고 어떻게 더 많은 일을 할 수 있었을까?' 홍 대리는 이 질문에 대한 답이 할 일은 많고 시간이 없어 쫓기는 삶을 사는 사람들에게 해결책이 될 것 같다는 생각에 다음 내용이 궁금해졌다. 그 답은 진정으로 중요한 일만 했기 때문이었다. 너무 당연한 이야기라는 생각에 약간 허탈했지만 이내 피터 드러커의 말이 옳다고 생각했다. 제아무리 시간을 잘 관리하고 중요한 일에 집중할 수 있는 시간을 만들어도 중요한 일이 많으면 또다시 할 일은 많고 시간은 없는 상태가 될 것이다. 우선순위를 두어 가장 중요한 일에 집중해야 한다. 그런 노력만이 부족한 시간 문제를 해결하는 유일한 방법이라는 것을 홍 대리는 분명히 알게 됐다.

피터 드러커는 모차르트가 동시에 여러 음악을 작곡했음에도 그 곡들이 모두 최고의 작품이 되었다는 사실을 지적한다. 하지만 그것은 예외적인 이야기이며 세상에 알려진 대부분의 천재 작곡가는 한 번에 한 작품씩 작곡을 했다고 말한다. 그리고 평범한 사람들이 모차르트처럼 되길 바랄 수 없다고 한다. 홍 대리는 평범한 자신이 천재들도 하지 못한 일, 즉 동시에 여러 일을 하면서 다 잘 해낼 수 있다는 생각은 착각이고 오만이라는 사실을 깨달았다. 홍 대리는 내내 '맞아. 맞아.' 하는 깨달음의 기쁨으로 책에서 눈을 뗄 수 없었다.

피터 드러커는 시간과 노력을 중요한 일에 집중할수록 더 많은 일을 빠른 시간에 할 수 있다고 말하며 성과를 내는 사람과 그러지 못한 사람을 비교한다. 첫째, 성과를 내지 못하는 사람은 일에 필요한 시간을 과소평가한다. 반면에 성과를 내는 사람은 그일에 필요한 시간 이상으로 시간을 잡는다. 둘째, 성과를 내지 못하는 사람은 급히 서두르는 경향을 보이지만 오히려 일이 더 늦어진다. 반면에 성과를 내는 사람은 시간과 경쟁하지 않고 편안한 속도를 유지하며 쉬지 않고 나아간다. 셋째, 성과를 내지 못하는 사람은 여러 가지 일을 동시에 추진한다. 언뜻 혼자서 일을 다 하는 모습이지만 어느 일에도 충분히 집중하지 못한다. 반면에 성과를 내는 사람은 한 번에 한 가지 일에 집중한다.

홍 대리는 솔직히 각각의 일에 필요한 시간이 어느 정도인지를 생각하며 일한 적이 없었다. 그냥 상사가 정해 준 마감 시간까지 하면 된다고 생각했다. 그나마 일을 미루다가 마감 시간에 쫓겨 일했던 모습이 떠올랐다. 책의 내용을 읽고 정리하면서 홍 대리는 자신이 성과를 내지 못하는 사람에 속한다는 것을 단박에 알 수 있었다. 마음이 좋지 않았지만 변화의 가능성이 있다고 생각하며 스스로 위로했다.

피터 드러커는 중요한 일이 3가지 이상이라는 것은 중요한 일이 한 가지도 없다는 말과 같다고 하며 제일 중요한 일을 먼저 하고 그다음 일은 생각도 하지 말라고 강조한다. 때때로 사람들은 중요한 일이 무엇인지 알고 있지만 여러 가지 이유로 다른 일을 하곤 한다. 홍 대리 역시 중요한 일보다 하고 싶은 일부터 먼저 해 온 적이 많았다. 홍 대리는 앞으로 중요한 일에 집중하겠다는 각오로 치즈 포스터를 만들어 책상 위 벽면에 붙였다.

오직 시간을 관리하기 위한
지속적 노력만이
시간 낭비를 막을 수 있다.

효과적인 사람은
일을 시작할 때
사용할 수 있는 시간을
먼저 고려한다.

중요한 일이
3가지 이상이라는 것은
중요한 일이
한 가지도 없다는 말과 같다.

시간을 관리하지 못하면
아무것도 관리하지 못한다.

제일 중요한 일을 먼저 하세요.
그다음 일은 생각도 마세요.

홍 대리는 스스로에게 물었다. "지금 나에게 가장 중요한 일은 무엇인가? 그리고 가장 먼저 해야 할 일은 무엇인가?"

지금 가장 중요한 일은 앞서 공헌 문장을 통해 정리한 대로 영업 지점 금융자산투자상담사로서 성과를 내는 일이다. 그러기 위해 해야 할 일이 많지만 우선 당장 시작해야 할 일은 집중적이고 효율적으로 업무를 수행하기 위한 시스템을 만드는 것이다. 그렇게 당장 집중해야 할 과제를 결정하고 나니 홍 대리는 마음이 뜨거워졌다. 홍 대리는 목표가 분명할 때 열정이 생긴다는 것을 다시 확인할 수 있었다.

5. 스마트하게 일하는 홍 대리

갑자기 생긴 일

홍 대리는 시간을 기록하고 낭비 요인을 제거하며 한 번에 한 가지 중요한 일에 집중하는 습관이 생겼다. 언제나 할 일은 많았지만 가장 중요한 일에 집중하고 자신이 하지 않아도 될 일을 조정하면서 일을 추진한 결과로 큰 무리 없이 많은 일을 수행할 수 있었다. 때때로 여유가 느껴질 때도 있었다.

그런 노력 덕분인지 고객의 숫자는 계속해서 늘어났다. 금융 자산 관리를 하게 되면 홍 대리에게 맡기겠다는 잠재 고객의 숫자가 늘어났고 실제 투자 위탁으로 이어지는 고객도 많아졌다. 부서 이동을 한 지 6개월이 지난 지금, 모든 일이 안정적으로 흘러가고 있었다. 영업 지점에서도 홍 대리의 빠른 적응과 성장에 놀라는 눈치였다. 이대로라면 모든 일이 잘될 것 같다는 생각이 들었다.

"홍 대리, 많이 바쁘지?"

지점장님이었다. 홍 대리는 지점장님의 물음에 머쓱한 듯 뒷머리를 긁적이며 대답했다.

"아닙니다. 오히려 바쁘게 움직일 수 있어 다행인걸요."

"이건 분기별 실적 자료인데 검토해 보고 우리 지점이 어떤 전략을 세워야 할지 보고서를 작성해 봐. 본부장님께 보고해야 하는데 아무래도 기획팀 출신인 자네가 맡아 주면 좋을 것 같아서 말이야. 다음 주 월요일에 보고해야 하니까, 금요일까지 부탁해."

"네. 알겠습니다."

지점장님은 자신이 들고 있던 두툼한 자료집을 홍 대리 품에 안겼다. 홍 대리는 자리로 돌아와 앉았다. 오늘은 화요일이고 주어진 시간은 고작 3일이었다. 이미 세워 둔 일주일의 계획을 다시 짜야 했다. 불쑥 주어진 이 일을 어떻게 해결해야 할지 스트레스가 극에 달하는 느낌이었다. 홍 대리는 마음을 추스르고 차분한 마음으로 명상하듯 한참 고민했다.

"도대체 어디서부터 무엇을 어떻게 해야 하지?"

부서 이동 후 지점장님이 시킨 첫 번째 일이었다. 잘하고 싶은 마음이 있어서인지 부담감이 커졌다. 시간이 조금만 더 있으면 좋겠다는 마음이 들었지만 어쩔 수 없는 일이었다.

'지점 영업 실적과 추세를 분석하고 최근에 나타나고 있는 소비자 트렌드 변화와 고객들의 요구 등을 정리해 보자. 그런 다음 우리 부서가 중·단기적으로 채택할 수 있는 전략과 창의적 아이디어를 포함하는 보고서를 작성하자.' 홍 대리는 머릿속으로 전체 프로세스를 정리해 보았다.

그 순간 피터 드러커가 말한 "효과적인 지식노동자는 자신이 맡은 일부터 검토하지 않는다. 사용할 수 있는 시간을 먼저 고려한다."라는 문장이 생각났다. 반드시 해야 할 일을 제외하고 밤 11시까지 야근한다고 가정했을 때 실제로 일할 수 있는 시간은 12시간 정도였다. 홍 대리는 가능한 한 시간을 연속적으로 사용하기 위해 노력해야겠다고 마음먹었다. 우선 당장 해야 할 일을 하면서 자투리 시간마다 노트를 꺼내어 목차를 작성하고 개략적인 내용을 정리하며 하루를 지냈다.

종일 분주하게 뛰어다니다 사무실 책상에 앉게 된 시간은 저녁 7시였다. 홍 대리는 지금부터 밤 11시까지 약 4시간 동안 쉬지 않고 집중해야겠다고 마음먹었다. 서류 뭉치와 물건들로 복잡한 책상을 정리한 다음, 자투리 시간에 정리한 아이디어에 살을 붙이기 시작했다. 우선 자료를 찾지 않고 머릿속에 떠오르는 생각들을 적어 나갔다. 다행히 방해하는 사람이 없었고 전화 올 곳도 없는 시간이라 쉼 없이 몰입할 수 있었다. 어느 정도 방향이 잡히자 마음이 편안해졌다. 학창 시절 늦은 시간까지 도서관에서 공부하고 귀가할 때처럼 뿌듯한 마음으로 사무실을 나왔다.

다음 날인 수요일은 예상치 않던 일이 생겨 근무 시간 중에는 보고서에 신경 쓸 겨를이 없었다. 하루가 끝날 무렵에야 겨우 시간이 났다. 몸은 피곤했지만, 어제의 집중력을 기대하며 보고서를 작성하기 시작했다. 하지만 어제와는 다르게 집중도 안 되고 졸음이 쏟아졌다. 그때마다 자리에서 일어나 간단한 스트레칭으로 몸의 긴장을 풀었다. 지점장님이 주신 자료가 있었지만 추가 자료를 찾기 위해 인터넷을 검색했다. 급하게 자료를 찾는 것이 쉽지 않았다. 평소에 자료를 모아 놓지 못한 것이 후회스러웠다. 그러나 후회할 시간도 사치라는 생각에 급한 대로 있는 자료와 정보를 바탕으로 보고서 작업을 진행했다. 밤 11시가 되어 보고서의 4분의 1 정도가 정리되었다. 마음 같아서는 밤을 새워서라도 일을 끝내고 싶었지만 내일의 컨디션을 생각해 오늘은 이쯤에서 끝내기로 했다. 오늘은 어제와 다르게 일의 결과가 만족스럽지 못해 마음이 편치 않았다.

목요일 아침, 평소보다 30분 일찍 눈을 떴다. 아마도 보고서에 대한 걱정 때문에 몸까지 예민해진 것 같았다. 일찍 일어난 김에 평소보다 30분 일찍 회사에 출근해 하루의 계획을 세웠다. 오늘 할 일은 하되 컨디션을 끌어올리기 위해 노력해야겠다는 방침도 세웠다. 어쩌면 지식노동자에게도 스포츠 선수처럼 신체 컨디션 조절이 중요한 일 중 하나라는 생각이 들었다. 처리가 급한 일을 정리하면서 틈틈이 보고서의 내용에서 개선해야 할 점이 없는지를 체크하면서 하루를 보냈다.

저녁 무렵, 돌발 상황이 생겼다. 중요한 고객으로부터 긴급 상담 요청이 들어온 것이다. 거절할 수 있는 상황이 아니었다. 일을 마무리하지 못해 마음이 무거웠지만 고객을 만나러 가기로 했다. 상담을 끝내고 회사로 돌아온 시간은 밤 9시. 이제부터라도 진짜 집중해야 했다. 몰아치듯 집중하며 보고서를 완성하니 어느덧 새벽 4시가 되어 있었다. 결과가 만족스럽지는 않았지만 더는 못 할 것 같았다. 홍 대리는 사무실을 빠져나오면서 "목표를 달성했다는 것은 시간이 다 되었다는 것을 의미한다."라는 피터 드러커의 말을 떠올렸다. 노곤해진 몸을 이끌고 잠시 눈을 붙이기 위해 찜질방으로 향했다. 24시간 영업하는 찜질방이 있어서 참 다행이라는 생각을 하다가 자기도 모르게 잠이 들었다.

평소와 같은 시간에 출근한 홍 대리는 자리에 앉아 보고서를 최종 검토하고 지점장님의 책상 앞으로 갔다.

"지점장님, 며칠 전 요구하신 보고서입니다."

"그래, 시간이 없었을 텐데 고생 많았겠네. 그럼, 읽어 보고 나서 다시 얘기하도록 하지."

피드백 분석

보고서를 제출하고 나자 이제야 끝났다는 생각에 '후~' 하는 긴 한숨이 흘러나왔다. 온몸의 긴장이 풀리는 듯했다. 지점장님은 더 이상 홍 대리를 찾지 않았다. 보고서가 완벽했다기보다는 당장 이사님께 보고해야 하는 상황이라 여유가 없었을 것이다. 홍 대리는 그동안 보고서 작업 때문에 뒤로 미루어 놓은 일을 처리하느라 정신없는 하루를 보내고 저녁 9시가 되어서야 퇴근할 수 있었다. 집에 도착하자 피로가 한꺼번에 밀려오는 듯했다. 쓰러지듯 그대로 잠자리에 들었다.

다음 날 일어나 보니 오전 11시 30분이었다. 주말이라 다행이었지만 그나마 아내가 깨우지 않았더라면 그 시간에도 일어나지 못했을 것이다. 따뜻한 물로 샤워하고 아침을 먹고 나니 그제야 정신이 좀 드는 듯했다. 어떻게 지나갔는지 모르게 빠르게 지나간 1주일이었다. 홍 대리는 안도감에 가슴을 쓸어내렸다. 앞으로도 이번처럼 짧은 시간에 성과를 내야 하는 일이 또 생길 것이 분명했다. 이제부터는 평소에 조금씩 준비해 두자고 다짐했다. 순간 홍 대리는 자신이 방금 결심한 내용이 피터 드러커가 이야기한 '자기 삶을 바꾼 7가지 원칙 중 네 번째 원칙'이라는 걸 기억해냈다. 홍 대리는 정신이 번쩍 들었다. 얼른 서재로 가서 피터 드러커의 『프로페셔널의 조건』을 다시 펼쳤다. 과연 그랬다. 피터 드러커는 자신의 인생을 바꾼 7가지 원칙 중 네 번째 원칙으로 다음을 꼽았다. "자기 일을 정기적으로 검토하라." 홍 대리는 자신의 경험에 비추어 내용을 다시 한번 정리해 보았다.

20대 초반에 피터 드러커는 독일의 유력 신문사에서 근무하고 있었다. 당시 편집국장은 1년에 두 번 정도 토론회를 주관했는데 토요일 오후에서 일요일 저녁까지 이어지는 토론에서 팀원들은 6개월 동안의 성과를 주제로 업무를 평가하고 성과를 점검하곤 했다. 잘한 일, 잘하려고 노력한 일, 잘하려고 충분히 노력하지 않은 일, 그리고 잘못했거나 실패한 일 등에 대해 거리낌 없이 논의했다. 그리고 마지막 2시간 동안 앞으로 다가올 6개월간 무엇을 해야 하는지 계획을 세웠는데 모두가 집중해야 할 일, 개선해야 할 일, 각자가 학습해야 할 것 등에 대해서 정리했다.

이런 경험을 바탕으로 피터 드러커는 그 이후로도 자신이 이룬 중요한 성과를 정기적으로 점검하고 스스로 피드백하는 습관을 가지게 되었다. 그 후로 매년 여름이 되면 2주일간의 시간을 비워 두고 그 시간에는 지난 1년 동안 자신이 해 온 일들을 되돌아보았다. 먼저 잘하긴 했지만 더 잘할 수 있었던 일, 또는 더 잘했어야 하는 일들을 검토하고, 그다음에는 자신이 잘못한 일, 그리고 마지막에는 해야만 했는데 하지 않았던 일들을 점검하고 검토해 나갔다. 피터 드러커가 시대의 거장으로 성장할 수 있었던 이유 중 하나는 아마도 이처럼 자신의 중요한 성과를 점검하기 위해 쏟은 지속적인 노력과 시간 그리고 이를 실천에 옮길 수 있었던 용기와 결단이었을 것이다.

『프로페셔널의 조건』 중 피드백 분석에 관한 내용을 정리하고 나니 홍 대리 역시 스스로 피드백 분석을 통해 성과를 점검하는 습관을 길러야겠다는 의지가 생겨났다. 우선 이번에 지점장님이 갑작스럽게 지시한 일을 처리하는 과정을 피드백 분석했다.

피드백 분석

잘한 일
내가 쓸 수 있는 시간을 사전에 고려하고 계획을 세웠음
보고서 제출 시간을 잘 지켰음

잘했지만 더 잘했어야 한 일
보고서 내용의 근거를 더 자세하게 정리했어야 했음

잘못한 일 또는 실패한 일
평소 정보를 수집하고 관리하지 못함
일하는 동안 최고 수준의 집중력을 발휘하지 못함

그 이유
미처 생각을 못 하고 있었음

앞으로 집중해야 할 일

개인 정보 관리 시스템을 만드는 것

개선해야 할 일

갑작스럽게 생긴 일에 불평을 하기보다는 긍정적으로 생각하기

학습해야 할 것

집중할 수 있는 업무 환경을 만드는 방법(정보 관리)

짧은 시간이었지만 피드백 분석을 하고 보니 필요한 일들과 해야 할 일이 한눈에 보이기 시작했다. 갑작스럽게 새로운 일을 요구받아도 다음번에는 당황하지 않고 더 잘할 수 있으리라는 자신감도 생겼다. 내친김에 효율적으로 일할 수 있는 정보 관리 시스템을 만들기 위한 노력을 당장 시작하기로 마음먹고 모처럼 대형 서점으로 향했다.

집중할 수 있는 환경을 만든 홍 대리

　토요일 오후라 그런지 서점은 이미 많은 사람으로 붐볐다. 원하는 책을 찾기 위해 분주히 돌아다니는 사람, 느린 걸음으로 여기저기에 놓인 책을 살펴보는 사람, 아예 바닥에 앉아 책을 읽고 있는 사람, 누군가를 기다리면서 책을 보고 있는 사람 등 다양한 모습이 눈에 들어왔다. 분위기는 조용했지만 저마다 마음속에 열정이 끓고 있는 듯한 모습이었고 용광로 같다고 생각하면서 책을 살피기 시작했다. 홍 대리는 『청소력』이라는 책을 발견하고 직감적으로 뭔가 있을 것 같아 꺼내 들었다. 분량이 적고 내용이 단순했지만 지금껏 알지 못했던 새로운 힘에 관한 이야기로 보였다. 홍 대리는 그 책과 정보 관리에 관한 책 몇 권을 샀다. 그리고 집으로 돌아오는 지하철에서 『청소력』을 다 읽었다.

　『청소력』의 저자 마스다 미츠히로는 한때 잘나가던 사업가였다. 그는 한 번의 판단 착오로 사업에 실패했고 자신이 가진 전부를 잃었다. 수억 원의 빚이 생겼고 사랑하는 아내도 그를 떠나버렸다. 연이은 충격과 실망으로 무기력해진 그는 1년 동안 집에만 틀어박혀 지냈다. 거의 폐인과 다름없었다. 그러던 어느 날,

청소 회사에 다니는 고교 동창생 친구가 그를 찾아왔다. 엉망이 된 방과 지저분한 그의 모습을 본 친구는 방 안을 청소하기 시작했다. 마지못해 친구를 따라 청소를 하게 된 마스다 미츠히로는 예상치 못한 상쾌한 기분을 맛보게 되었고 그 일을 계기로 새로운 도전을 시작하였다. 이후 그는 베스트셀러 작가로, 청소의 힘을 전파하는 강사로, 기업 환경 정비 컨설턴트로, 청소업 사업가로 크게 성공한 사람이 됐다.

그는 말한다. "삶을 변화시키기 위해 가장 먼저 해야 할 일은 깨끗한 방을 만드는 것입니다. 당신에게 꼭 필요한 20%만 남기고 모두 버리세요." 방이 깨끗해지고 단순해지면 그 방에는 긍정적 기운이 넘치게 되고 새로운 의욕이 생기며 그 결과 중요한 일에 집중하는 발전적 행동을 하게 된다고 미츠히로는 말한다.

『청소력』을 다시 읽으며 책의 내용을 정리한 홍 대리는 우선 불필요한 물건들을 과감하게 버리기로 마음먹었다. 하지만 막상 버리려고 하니 무엇부터 버려야 할지 선뜻 행동으로 옮겨지지 않았다. 일단 버려야 할 것 목록을 작성했다. 버려야 할 것 목록은 회사의 업무 공간에서 버릴 것, PC에서 버릴 것, 집에서 버릴 것으로 나누어 적었다.

홍 대리의 버려야 할 것 목록

구분	목록
회사	누군지 알지 못하는 명함, 기획팀에서 썼던 해묵은 다이어리, 나오지 않는 펜들, 고장 난 스테이플러와 기타 문구, 책상 위에 있는 읽지 않는 책, 해 지난 잡지, 잘 기억나지 않는 교육 때 받은 교재, 오래된 카탈로그와 브로슈어, 전혀 사용할 일이 없는 서류, 산발적으로 적어 놓은 메모 등
PC	수북하게 쌓인 이메일, 길어진 즐겨찾기에서 불필요한 주소들, 백업을 위해 중복 저장한 파일들, 이제 보지 않을 것이 확실한 동영상 파일, 전혀 관련이 없어져 버린 인터넷 카페
집	지난 1년간 한 번도 매지 않은 넥타이, 입지 않는 옷, 신지 않는 신발, 고장 난 우산, 빨래 건조대로 쓰고 있는 러닝 머신, 다 쓴 프린터 토너, 앞으로 결코 읽지 않을 것이라 확신할 수 있는 도서, 오래전에 정기 구독 했던 잡지, 학창 시절 쓰던 참고서, 갖고 있지 않은 제품의 사용 설명서

홍 대리는 당장 버리고 싶은 마음이 생겼지만 현장을 살피면서 추가 목록을 작성했다.

"와, 버릴 게 이렇게 많았어?"

스스로도 놀랄 정도였다.

목록에 추가할 것이 더 없는지 한 번 더 체크한 후에 리스트를 손에 들고 다니면서 분류하기 시작했다. '나중에 필요하면 어쩌지?'라는 생각이 드는 것들도 있었지만 목록에 있는 이상 눈 딱 감고 모두 쓰레기통으로 던졌다. 목록을 지워가며 물건들을 버리고 나니 마치 군살이 빠져 몸이 가벼워지는 것 같았다. 새 학년에 올라가면서 책상 정리를 하고 난 느낌이랄까. 그때 느꼈던 새롭고 신선한 기분이 떠올랐다. 문득 『프로페셔널의 조건』에서 관련 내용을 읽은 기억이 있어 그 부분을 다시 찾아보았다.

역시 그랬다. 피터 드러커도 낡은 것들은 정리해야 한다고 지적하고 있다. 효과적인 사람은 새로운 활동을 하기 전에 반드시 낡은 것을 먼저 정리한다고 말이다. 홍 대리는 몸이 비만하면 움직임이 둔해지고 질병이 생길 가능성이 커지는 것처럼 우리를 둘러싸고 있는 환경 역시 비만한 상태가 되면 목표를 향해 나아가는 속도가 느려지고 길을 잃게 될 가능성도 있다는 것을 깨달았다.

사실 이 문장을 처음 접했을 때 홍 대리는 특별한 느낌을 받지 못했는데 다시 읽어 보니 '아, 이런 의미가 있었구나.'라는 감탄사가 절로 나왔다. 피터 드러커의 책은 읽을 때마다 새로운 깨달음을 주는 지혜의 책처럼 느껴졌다.

이후 며칠간 버려야 할 것 목록을 만들고 버리기 작업을 한 결과, 책상이 깨끗해졌고 업무 공간에 불필요한 물건들이 없어졌다. 하지만 정보 관리에 관한 책을 읽으면서 깨끗한 환경은 업무에 집중하기 위한 필요조건이지만 충분조건은 아니라는 것을 알게 됐다. 일할 때 필요한 정보를 찾느라 시간을 보내고 정작 일에 필요한 시간이 부족하게 되면 집중력을 발휘할 수 없을뿐더러 높은 수준의 업무 성과를 기대할 수 없게 된다.

홍 대리는 필요한 정보 영역을 정하고 그 기준으로 PC에 폴더를 정해 파일을 정리했다. 또한 낱장으로 관리가 가능한 3공 바인더를 준비해 여기저기 흩어져 있는 정보를 바인더의 제목에 따라 분류했다. 새로운 정보를 접했을 때 갈 곳이 있다고 생각하니 마음이 안정됐다. 이제 전열을 정비한 정보들이 마치 때를 기다리는 장수처럼 보였다. 이 과정을 통해 홍 대리는 자신이 어떤 정보를 소유하고 있는지 알게 됐고 일상을 통해 접하는 정보를 체계적으로 관리할 수 있게 됐다.

홍 대리의 업무 정보 범주

```
- 고객별 정보
- 산업별 트렌드
- 기업별 분석 자료
- 주식 스터디 자료
- 투자자 모임
- 고객 만족 서비스 관련 자료
- 고객 심리 자료
```

스마트 워킹

영업 지점에 배치된 지 벌써 반년이 지나갔다. 언제 지나간지도 모르게 시간은 빠르기만 했다. 홍 대리는 자신이 잘할 수 있는 일을 선택한 것에 만족했고 그동안 열정을 가지고 노력했던 과정을 찬찬히 떠올려 보았다.

처음과 비교하면 여러 가지로 달라진 점이 많았다. 전혀 지식과 경험이 없었던 업무 전반에 대한 이해가 생겼고 관리해야 할 고객도 제법 생겼다. 그 결과로 영업 실적이 높아졌고 무엇보다도 꾸준한 시간 관리 노력을 통해 낭비 없이 일하고 있다는 것이 과거에 비해 크게 달라진 점이었다. 최근에 불필요한 물건을 버리고 정보를 관리할 수 있는 시스템을 만들어 집중할 수 있는 업무 환경을 만들어 낸 것도 큰 발전이라 할 수 있었다.

참 열심히 일해 왔단 생각이 들었지만 한편으로는 불안함이 엄습했다. 가지고 있는 시간은 그대로인데 할 일은 점점 많아지고, 때에 따라서는 짧은 시간에 높은 수준의 목표를 달성해야 할 일도 종종 생기면서 단지 시간을 관리하고 일에 집중하는 것만으로는 한계가 있을 것이라는 생각이 들었다.

'조금 더 생산적으로 일하는 방법이 없을까?'

'생산적으로 일한다는 것이 무엇일까?'

언제나 그랬듯 고민을 시작할 때는 막막했지만 충분히 생각하면 해답을 찾을 수 있다는 확신이 있었다. 홍 대리는 습관적으로 『프로페셔널의 조건』을 다시 꺼내 읽었다. 페이지를 넘기면서 무심코 드는 생각은 '효과적인 지식노동자'로 시작하는 문장이 참 많다는 것이었다. 홍 대리는 효과적인 지식노동자로 시작하는 문장을 찾아 읽던 중에 생산성 있게 일하는 방법에 대한 고민의 실마리를 제공하는 문장을 만났다.

피터 드러커는 효과적인 사람은 원칙과 방침을 가지고 단순히 원칙을 적용하는 방식으로 문제를 해결하고 있다고 말한다. 일하면서 의사결정을 하기 위해 고민하는 문제들이 대부분 단순한 원칙 적용의 문제로 해결된다는 피터 드러커의 말은 원칙을 가지고 있으면 고민이 필요 없다는 뜻이 된다.

'어쩌면 우리는 원칙만 적용하면 되는 문제를 괜히 고민해 온 것이 아닐까? 굳이 고민하지 않고 원칙을 적용하면서 문제를 풀고 일을 한다면 그야말로 짧은 시간 안에 높은 성과를 내는 생산성을 만들 수 있을 것이다.'

홍 대리는 머릿속이 환해지는 느낌이었다. 그리고 지금껏 자신이 가지고 있었던 원칙을 먼저 정리하고 『프로페셔널의 조건』이 제시한 효과적인 지식노동자의 행동 특성을 바탕으로 업무 원칙을 정리해 보았다.

홍 대리의 업무 원칙

- 목표 수준을 높게 설정한다.
- 업무 종료 후에는 반드시 피드백 분석을 한다.
- 밤 11시에 자고 새벽 5시에 일어난다.
- 일을 시작할 때 사용할 수 있는 시간을 고려하여 계획을 세운다.
- 할 일에 대해 마감일을 정해 둔다.
- 편안한 속도로 쉬지 않고 일한다.
- 중요한 것부터 먼저 하고 한 번에 한 가지 일만 수행한다.
- 지속적으로 시간 관리 노력을 한다.
- 평일에는 과음을 하지 않는다.
- 가장 중요한 일에 집중할 때 그다음 일을 생각하지 않는다.
- 일을 시작하기 전 15분은 정리 정돈을 한다.
- 자투리 시간에는 불필요한 물건과 자료를 버린다.
- 고객에게 양방향으로 제시하지 않는다.
- 상황이 나쁠 때 상사에게 즉시 보고한다.
- 일을 할 때 예상되는 결과를 명확하게 그려 놓는다.
- 일의 목적이 불분명한 경우에는 의뢰인의 목적을 충분히 확인한 후 업무에 착수한다.
- 다른 사람의 요구는 자신의 일정을 조정한 뒤 업무를 수락한다.
- 의사결정 시 반대 의견을 의도적으로 유도한다.
- 의사결정 시 결정을 하거나 아니면 결정을 하지 않는다.
- 그냥 놔두면 더 악화될 것이 분명한 문제에 대해서는 반드시 의사결정을 한다.
- 최종적으로 판단한 사항을 다시 검토하지 않고 용기 있게 행동에 옮긴다.
- 협상 시에는 첫 번째 미팅에서 결정하지 않는다.

홍 대리는 생각나는 대로 기록한 다음 다시 다듬어 가는 방식으로 원칙을 만들었고 생각보다 많은 원칙을 정할 수 있었다. 지금까지 일하면서 쌓아 온 모든 지식과 경험을 바탕으로 원칙을 세웠다고 생각하니 그간의 모든 업무 경험이 다시 살아나 자신에게 힘을 주는 것만 같았다. 조금 더 정리한 후 카테고리까지 정하면 훌륭한 업무 지침서가 될 수 있을 거라는 확신이 생겼다.

홍 대리는 앞으로는 원칙에 따라 일하고 원칙에 따라 판단하기로 결심했다. 그러자 큰 고민에서 해방된 사람처럼 마음이 가벼워졌다. 물론 언제고 새로운 상황에 직면할 것이다. 그러면 그때의 경험을 바탕으로 원칙을 세우고 자신의 업무 원칙에 포함하면 될 것이다. 일하면서 얻은 경험과 지식을 버리지 않고 잘 정리해 놓았다가 필요할 때 다시 활용하는 것이야말로 생산성 있게 일하는 방법이라고 생각했다.

필요한 물건을 찾느라 시간을 허비한 곳에는 생산성이 존재할 수 없다. 마찬가지로 지난 경험을 통해 쌓은 지식을 활용하지 못하고 다시 똑같은 문제로 고민한다면 이 역시 생산적이지 못한 일이다. 홍 대리는 원칙 정리를 조금 더 확대하는 개념으로 체크리스트를 생각해 냈다. 체크리스트 역시 원칙이 주는 생산성과 높은 성과를 보장해 주는 시스템이 될 수 있다고 생각했다. 홍 대리는 곧바로 체크리스트가 필요한 항목을 뽑아 보았다.

홍 대리의 체크리스트 목록

☐ 출퇴근 체크리스트   ☐ 고객 상담 체크리스트
☐ 기업 탐방 체크리스트   ☐ 투자 선정 체크리스트
☐ 회의 참석 체크리스트   ☐ 주요 업무 피드백 분석 체크리스트
☐ 자기 관리 점검 체크리스트   ☐ 협상 체크리스트
☐ 교육 참가 체크리스트

체크리스트 목록을 만들면서 체크리스트 역시 업무 원칙과 마찬가지로 업무의 생산성을 올려 줄 것이라고 확신했다. 필요한 상황에서 체크리스트를 활용하면 고민하지 않고 빠르게 업무를 전개할 수 있을 것이다. 또한 잘 만들어진 체크리스트는 높은 성과를 보장해 줄 수 있다고 생각했다. 홍 대리가 만든 첫 번째 체크리스트는 『프로페셔널의 조건』을 읽으면서 적용해 왔던 경험을 살리고 지속하여 실천할 수 있는 자기 관리 체크리스트였다.

홍 대리의 자기 관리 체크리스트

☐ 강점을 바탕으로 성과를 내기 위해 노력하고 있나?

☐ 때마다 공헌 문장을 만들고 올바른 목표를 세우고 있나?

☐ 시간 기록과 관리를 통해 연속적으로 집중할 수 있는 시간을 만들고 있나?

☐ 우선순위를 정하고 그 일에 몰입하고 있나?

☐ 신속하게 문제를 해결할 수 있는 정보 관리 시스템을 활용하고 있나?

☐ 업무 원칙과 체크리스트 등을 통해 업무 생산성을 올리고 있나?

　

홍 대리는 완성된 체크리스트를 보며 그동안 노력해 왔던 일들을 지속적으로 유지할 수 있는 시스템을 스스로 만들었다는 생각에 뿌듯했다. 가끔 체크리스트를 읽어 보는 것만으로도 업무 행동의 방향성을 유지하는 데 큰 도움을 주리라는 확신까지 들었다.

앞으로 집중해야 할 일과 평소에 해야 할 일을 분명히 정하고 나니 모든 게 다 갖춰진 느낌이었다. 하지만 '이게 전부일까?'라는 생각이 잠깐 스쳤다. 뭔가 2% 정도 부족한 찜찜한 느낌이었지만 그것이 무엇인지는 알 수 없었다.

신이 보고 있다

　오랜만에 여유가 생긴 홍 대리는 책꽂이에 꽂혀 있던 『프로페셔널의 조건』을 다시 꺼내 들었다. 해결해야 할 문제가 있을 때마다 답을 알려 준 책이라고 생각하니 고맙기까지 했다. 자주 들춰 보았더니 어느새 책이 낡아 있었다. 특별한 목적 없이 책을 펼치고 읽었던 곳들을 다시 살펴보았다. 그중에서 홍 대리의 눈길을 끈 것은 피터 드러커를 성장시킨 7가지 경험 중 두 번째 이야기 '신이 보고 있다.'였다.

　고대의 그리스 조각가 페이디아스는 기원전 440년경 아테네 파르테논 신전의 조각 작품의 제작을 의뢰받았다. 작품을 완성했을 때 아테네의 재무관은 페이디아스의 작업비 지급을 거절했다. "조각들은 신전의 지붕 위에 세워져 있고 신전은 아테네에서 가장 높은 언덕 위에 있다. 따라서 사람들은 조각의 전면밖에 볼 수 없다. 그런데도 당신은 조각 전체 값을 요구했다. 다시 말해 아무도 볼 수 없는 조각의 뒷면 작업에 들어간 비용까지 청구했다. 어떻게 생각하는가?"

이에 대해 페이디아스는 "아무도 볼 수 없다고? 당신은 틀렸어. 하늘의 신들이 볼 수 있지."라고 대꾸했다.

"그래 바로 이거야!"

열심히 그리고 최대한 생산적으로 일하면서 무엇인가 부족하다고 느낀 2%의 답을 찾은 것이다. 홍 대리는 "그래 바로 이거야."라고 다시 외치고는 두 주먹을 불끈 쥐었다. 깊은 고민에 대한 답을 찾을 때 느낄 수 있는 기쁨으로 설렜다.

홍 대리는 영업 업무를 시작한 후 이제까지 어떤 마음으로 일해 왔는지 되돌아보았다. 신입 사원이라는 마음으로 업무에 임했고 뒤늦게 시작한 일인 만큼 남들보다 몇 배 더 열심히 해야겠다고 각오를 다지며 최선을 다한 시간이었다. 비록 신이 보고 있다는 생각으로 일하지는 않았지만 만일 그렇게 생각했다고 하더라도 지금보다 더 열심히 하지는 못했을 것이라는 생각이 들었다.

하지만 앞으로는 '이 정도면 됐어. 누구도 이렇게까지는 못 했을 거야.'라는 생각은 버리기로 했다. 대신 '신이 보고 있다.'라는 생각으로 업무에 임하기로 다짐했다. 홍 대리는 '신이 보고 있다는 마음으로 일한다.'를 업무 원칙에 포함하고 치즈 포스터를 만들어 책상 위 벽면에 붙여 놓았다.

홍 대리는 '최고 수준의 목표는 고객을 만족시키는 성과를 내고, 그 성과는 높은 평가와 보상을 가져다주고, 그 결과로 자신감과 능력이 높아지고, 다시 더 높은 목표를 세워 고객과 조직에 더 크게 공헌하는 선순환을 만들 것이다.'라고 생각했다. 그리고 그 과정이야말로 자신을 성장시키며 자기실현을 할 수 있는 기회라고 생각했다.

홍 대리가 부서를 옮기고 정신없이 일한 지도 어느덧 1년 6개월이 지났다. 홍 대리에게 지난 시간은 자신이 가장 잘할 수 있는 일에서 높은 목표를 정하고 온 맘을 다하며 생산적으로 일을 한 시간이었다. 그 결과 홍 대리는 영업 지점에서 가장 높은 실적을 올렸고 최우수 실적상을 받았다.

효과적인 사람은
새로운 활동을 시작하기 전에
반드시 낡은 것을 먼저 정리해 버린다.

신이 보고 있다.

효과적인 지식노동자는
원칙과 방침에 따라
문제를 해결한다.

6. 인간관계가 좋아진 홍 과장

과장으로 승진하다

오늘은 인사 발령이 있는 날이다. 홍 대리는 평소와 같이 출근해서 책상을 깨끗이 정리하고 스케줄을 점검했다. 승진자를 포함한 인사 발령이 오후에 있다는 사실은 알고 있었지만 보통 대리 4년 차에 과장으로 승진하기 때문에 대리 3년 차인 홍 대리는 큰 관심을 두지 않았다. 오후 3시가 되자 회사 홈페이지 게시판에 승진자 명단이 올라왔다. 그 시각 홍 대리는 외부에서 고객과 상담 중이었는데 동료 직원으로부터 전화가 왔다.

"홍 대리 축하해!"

"갑자기 무슨 얘기야?"

"과장 승진 축하한다고."

"뭐? 말도 안 돼! 난 승진 대상이 아니잖아."

홍 대리는 자신도 모르게 큰 소리로 말했다. 전혀 예상치 못한 결과에 도대체 뭐가 어떻게 된 것인지 어리둥절할 뿐이었다. 그동안 할 수 있는 한 최선을 다해 일했지만 회사에서 이렇게까지 높게 평가해 줄 것이라고 기대하지는 않았다. 사실 내년도에 과장 승진 대상이기도 하고 업무 성과도 좋아 계속 열심히 하면 승진할 수 있을 거라고 생각은 했는데 1년이나 빨리 동기 중에서 가장 먼저 과장으로 승진하게 된 것이다.

사무실에 돌아온 홍 대리는 지점장님 자리로 향했다.

"어, 홍 대리. 아니 이제 홍 과장이지. 축하해."

"지점장님. 도대체 어떻게 된 거죠? 전 승진 대상이 아니었는데요."

"본부장님께서 사장님께 직접 요청하신 것 같아. 본부장님한테 얘기 들은 거 없었어?"

"전혀요."

"어쨌든 잘됐어. 지금까지 열심히 해 왔지만 더 잘해 보자고!"

"네, 그러겠습니다."

자리에 돌아오자마자 가장 친한 동기인 김 대리가 다가왔다.

"지점장님이 뭐래?"

"글쎄, 지점장님도 모르고 있었던 것 같아."

"야, 이거 무서운데. 동기들 다 제치고 제일 먼저 앞서가네. 앞으로 잘 보여야겠는걸."

"너까지 왜 그래."

그날은 모처럼 일찍 퇴근해서 아내에게 승진 소식을 전했다. 아내는 갑작스러운 소식에 처음에는 어리둥절한 표정이더니 곧 팔짝팔짝 뛰고 박수를 치며 기뻐했다. 홍 대리는 어머니께 전화를 드렸다.

"어머니, 저 오늘 과장으로 승진했어요."

"뭐? 과장으로 승진했다고?"

"네. 동기들보다 1년 빨리 승진한 거예요."

"그래, 잘됐구나! 그동안 걱정을 많이 했는데, 정말 잘됐구나. 우리 아들 장하다."

인간관계의 본질

너무나 기뻐하는 가족들의 모습을 보면서 홍 대리는 부서 사람들이 홍 대리의 승진 소식에 가족처럼 기뻐해 주지 않았다는 점을 깨달았다. 홍 대리 혼자 독주하는 것에 대해 다소 경계한 것일까? 지점장님 역시 자신이 아닌 본부장님의 추천으로 승진 인사가 정해져서인지 그리 썩 달가워하는 것 같지는 않았다.

그런 생각이 스치자 갑자기 서운한 마음이 들었다. 그동안 부서 동료들과 좋은 인간관계를 유지하기 위해 회식이나 경조사에 빠짐없이 참석했고 직원들에게 늘 긍정적인 태도를 보여 왔다. 홍 대리는 좋은 인간관계를 위해 할 수 있는 한 최선을 다했다. 그런데 자신의 승진을 진심으로 기뻐해 주는 사람이 많지 않다는 사실은 예상치 못한 충격이었다.

'도대체 뭐가 잘못된 걸까?'

피터 드러커는 조직에서 좋은 인간관계를 유지하는 사람들은 타고난 기질 때문이 아니라 자기 일에서 또는 사람들과의 관계에서 공헌에 초점을 맞추고 있기 때문이라고 말한다. 또한 인간관계 측면에서 좋은 평가를 받는 사람들은 정작 인간관계에 대해 깊이 고민하지 않는다는 사실을 지적한다. 효과적인 인간관계를 유지시켜 주는 것은 공헌에 초점을 맞추는 활동이라고 강조한다.

"인간관계가 좋은 사람은 인간관계를 위해 별도의 노력을 하지 않는다."라는 피터 드러커의 말이 홍 대리의 마음속 깊이 파고 들었다. 마치 그동안 좋은 인간관계를 위해 최선의 노력을 했다고 자부하는 자신의 마음을 꿰뚫어 보는 듯했다.

피터 드러커가 말한 좋은 인간관계를 위한 첫 번째 원칙은 "공헌에 초점을 맞추어라."이다. 홍 대리는 영업 지점으로 옮긴 후 공헌 문장을 만들고 가능한 한 높은 성과를 내기 위해 노력해 왔다. 하지만 '다른 사람들과의 관계에서 공헌에 초점을 맞추어라.'라는 두 번째 원칙과 관련해서는 특별한 노력을 하지 않았다는 걸 깨달았다. 솔직히 상대방의 성공과 목표 달성 또는 성장에 어떻게 공헌할지 한 번도 생각해 본 적이 없었다. 어쩌면 그것이 지금까지 동료들과 오랜 시간 함께해 왔지만 그들과 피상적인 관계에 머무를 수밖에 없었던 이유라는 생각이 들었다.

피터 드러커는 새로운 사람을 만났을 때, '그 사람이 나하고 잘 지낼 수 있을까?'라고 질문하지 말고, '그는 나에게 어떤 공헌을 할 수 있는가?' 즉, 상대방이 아주 잘할 수 있는 강점이 무엇인지 질문해야 한다고 충고한다.

처음 이 문장을 읽었을 때는 흔히 말하는 '주고받기(Give & Take)'라고 생각했다. 그러나 여러 번 문장을 곱씹어 보면서 그 말의 본질을 정리했다. 다른 사람과의 관계에서 상대방이 나와 성향이 맞는지 또는 잘 어울릴 수 있는지를 살피지 말고 그가 가진 강점 중에서 나에게 또는 우리에게 힘이 될 수 있는 것이 무엇인지를 찾아내라는 것이다. 물론 우리 스스로도 어떻게 하면 그 사람의 목표 달성에 또는 그의 성장에 공헌할 수 있을지 고민해야 한다. 그래야만 상호 공헌하는 생산적 관계를 형성할 수가 있다. 홍 대리는 서로의 성장과 목표 달성에 힘이 되는 관계를 맺는 일이야말로 비즈니스 세계에서뿐 아니라 모든 인간관계의 본질이라는 것을 깨달았다.

상호 공헌하는 인간관계

홍 과장은 영업 지점 후배 강평화 대리를 떠올렸다.

'강 대리는 나에게 어떤 공헌을 할 수 있을까?'

'강 대리는 고객 재무 분석 업무에 강점이 있다. 대학에서 회계학을 전공했고 꾸준히 재무 분석 업무를 해 왔기 때문에 그 일에 관해서는 둘째가라면 서러울 정도의 능력자이다.'

'그렇다면 나는 강 대리에게 어떤 공헌을 할 수 있을까?'

오래 고민하지 않아도 쉽게 답을 구할 수 있었다.

'고객 심리 분석'이었다. 심리학을 전공했고 영업 지점에서 업무를 보기 시작한 이후 이 분야에 대해 집중도 있게 지식을 쌓았기 때문에 나름대로 자신이 있었다. 이 부분이 강 대리에게는 약한 고리였다.

서로에게 어떻게 공헌할 것인가에 대해 생각하고 나니 왠지 모를 기대감이 생겼다. 홍 과장은 급한 마음에 그날 저녁 강 대리와 맥주 한잔하기로 했다.

"과장님이 어쩐 일이세요? 먼저 술을 하자고 하시고."

"응, 강 대리하고 할 얘기가 있어서."

"갑자기 그러시니까 궁금하고 긴장도 되네요."

"최근에 내가 인간관계에 대해 고민을 많이 하고 있어. 강 대리도 알겠지만 과장이 되었을 때 사람들의 반응이 그렇게 달가워하지 않는다는 느낌을 받았거든."

"다 그런 거죠, 뭐. 남들 잘되면 배 아파하잖아요. 너무 신경 쓰지 마세요."

"그래도 내 딴에는 좋은 인간관계를 만들려고 열심히 노력했는데, 막상 반응이 그러니까 서운하더라고. 그래서 내가 이참에 인간관계에 대해 공부했는데 한마디로 말하면 서로에게 공헌하는 생산적 관계를 형성해야 한다는 거야."

"생산적 관계요? 왠지 느낌이 별로인데요."

"아니야. 듣기엔 좀 그래도 상대방에 대한 애정이 없으면 할 수 없는 일이야."

"뭘 어떻게 하는 건가요?"

"강 대리는 고객 재무 분석에 자신 있잖아."

"그야 그렇지요."

"나는 고객 심리 분석에 자신 있거든."

"과장님의 능력이야 모든 사람이 인정하고 있죠. 정말 대단하다고 느낄 때가 많아요."

"그래서 말인데, 강 대리는 나에게 고객 데이터 분석에 관해서 도움을 주고 나는 강 대리에게 고객 심리 분석에 관해서 도움을 주면 서로에게 큰 힘이 되지 않을까? 어떻게 생각해?"

"거절할 이유가 없지요. 과장님께서 힘이 되어 주시면 저야 정말 감사하지요. 저도 과장님께 힘이 될 수 있도록 최선을 다하겠습니다. 충성!"

"좋아. 그럼, 일주일에 한 번씩 미팅을 하자. 아, 갑자기 생각이 났는데 미팅 이름을 상호 공헌 미팅이라고 하면 어떨까?"

"좋아요! 상 공 미를 위하여!"

두 사람은 평소 가깝게 지내 왔지만 오늘은 뭔가 더 특별한 사이가 된 것 같아 연신 맥주잔을 부딪치며 건배했다.

이후 두 사람은 매주 시간을 정해 미팅을 진행했다. 이 모임은 서로에게 진정으로 필요한 시간이 되었고 두 사람의 성과는 놀라울 정도로 좋아지기 시작했다. 마치 최고 수준의 마무리 투수를 영입해 팀의 전력을 끌어올린 프로 야구팀처럼 홍 과장의 실적은 고공 행진을 하기 시작했다. 강 대리 역시 이전에 비해 실적이 좋아지고 자신감도 커졌다. 두 사람은 말 그대로 생산적 인간관계를 형성하여 서로에게 힘이 되는 관계를 만들어 간 것이다. 이제 두 사람은 회사 동료를 넘어 인생에서 좋은 친구 사이가 되어 가고 있었다.

그때부터 홍 과장에게는 또 다른 습관이 하나 더 늘어났다. 누군가를 만날 때면 상대방의 강점을 탐색하며 어떻게 하면 서로의 성장에 또는 행복에 공헌할 수 있을까를 생각하는 습관이 생겼다. 그러던 중 어느 날 문득 아내가 자신에게 어떤 공헌을 하면 자신의 성장과 행복에 힘이 될 수 있을지를 생각해 보았다.

'아내는 직감적이지만 의사결정이 빠르지. 그런데 그 결정이 대부분 옳은 판단일 경우가 많았단 말이지. 반면에 나는 의사결정을 할 때는 지나치게 심사숙고하는 편이고 또 최종적으로 결정을 내리는 데 힘들어하는 편이지. 그 때문에 스트레스도 만만치 않고. 앞으로는 그럴 때마다 아내가 결정을 도와주면 큰 힘이 되지 않을까?'

그런 다음 홍 과장은 반대로 아내의 행복과 성장에 자신이 어떻게 공헌할 수 있을까를 곰곰이 생각했다.

'아내는 사람들과 함께 있을 때 행복을 느끼고 인터넷 쇼핑몰에 대한 꿈을 가지고 있는데……'

홍 과장은 지금껏 꾸준히 기록해 온 시간 관리에서 아내와 함께하는 시간이 그리 많지 않다는 기억이 떠올랐다. '그래, 일단 가능한 한 함께하는 시간을 늘려야겠어. 그리고 아내가 하고 싶어 하는 인터넷 쇼핑몰에 대해 더 진지하게 대화를 나눠 봐야겠어……' 이런 결론을 내리자 마음이 행복해졌다.

'단지 방향만 정했을 뿐인데 마음이 행복해지는 이유는 뭘까?'

"인간은 다른 이의 행복에 공헌할 때 행복해질 수 있다." 피터 드러커의 말이다. 홍 과장은 '누군가의 행복에 공헌하고자 하는 마음을 품는 것 자체로 행복해지고 상대의 행복에 공헌하기 위해 실제로 행동한다면 서로에게 큰 힘이 되어 좋은 결과를 내게 될 것이다. 그 결과로 더 행복해지고 그러면서 점점 더 행복해질 수 있을 것이다.'라고 생각했다.

피터 드러커에 따르면, 좋은 인간관계는 대인 관계 기술을 배운다고 만들어지는 것이 아니다. 자신의 업무가 다른 사람들과의 관계에서 어떻게 공헌할 수 있는지 살피고 실제 자신이 공헌할 수 있는 부분을 중요하게 여긴다면, 인간관계는 자연히 좋아지기 마련이다. 결과적으로, 높은 성과를 내는 것만이 주위 사람들로부터 신뢰와 협력을 끌어낼 수 있는 유일한 방법이다.

이렇게 인간관계의 본질까지 이해한 홍 과장은 사람을 만날 때마다 어떻게 하면 그 사람에게 공헌할 수 있을까를 생각했다. 고객을 만날 때도 어떻게 고객에게 공헌할 수 있을까를 고민했다. 그러던 중 홍 과장은 자신의 강점인 고객 심리를 파악하는 노하우를 이용하여 고객에게 공헌하는 실험적인 방법을 생각해 냈다. 홍 과장은 자신의 고객에게 중요한 사람이 누구일까를 탐색해서 그 사람을 이해하는 데 필요한 심리학 이론을 맞춤형으로 정리해 제공해 주면 도움이 될 것으로 판단했다. 떨리는 마음으로 첫 번째 시도를 했다. 그 결과는 기대 이상이었다.

"어떻게 이런 생각을 하셨어요?"

고객들은 놀라운 표정을 지으며 기뻐했다.

이런 식으로 꾸준히 노력한 덕분에 홍 과장은 주위 사람들에게 진정으로 신뢰를 받는 사람이 되었다.

인간관계가 좋은 사람은 이에서 공헌에 초점을 맞추고 나아가 다른 사람과의 관계에서 공헌에 초점을 맞춘다.

인간은 다른 이의 행복에 공헌할 때 행복해질 수 있다.

높은 성과를 내는 것만이 주위 사람들로부터 신뢰와 협력을 이끌어 낼 수 있는 유일한 방법이다.

7. 리더십의 본질을 깨달은 홍 차장

지점장이 된 홍 차장

홍 과장은 주위 사람의 신뢰를 바탕으로 더욱 높은 성과를 내며 조직과 고객 모두에게 크게 공헌할 수 있었다. 그 결과 과장이 된 지 다시 3년 만에 차장으로 승진하고 신도시 광교 지점의 지점장으로 발령받았다.

많은 사람에게 승진 축하 인사를 받았다. 하지만 기쁜 마음도 잠시, 새롭게 시작하는 지점장 임무를 잘할 수 있을지 걱정이 앞섰다. 특히 한 번도 해 본 적 없는 공식 리더의 역할에 대한 두려움이 가장 컸다. 그동안 여러 차례 리더십 교육을 받아 보았지만 막상 리더십을 어떻게 발휘해야 할지 막막하기만 했다. 급한 마음에 인터넷에서 새로운 리더십 교육 프로그램을 검색해 보고 대형 서점에 가서 리더십 관련 도서를 찾아보았지만 이거다 싶은 내용이 없었다. 오히려 큰 숲에서 길을 잃은 느낌에 막막함이 더해 갔다.

그때 문득 멘토 역할을 해 주었던 차주영 상무님이 생각났다. 그분이라면 충분히 도움을 주실 수 있을 거라는 생각에 바로 연락을 드렸다. 지금은 회사에서 은퇴했고 시간 여유가 있다고 하여 바로 다음 날로 약속을 잡았다.

홍 차장은 그간의 상황을 이야기하고 고민을 털어놓았다.

"그냥 상무님이라고 부르겠습니다."

"편한 대로 하게."

"새로 지점장이 되고 나니 어떻게 리더십을 발휘해야 할지 잘 모르겠습니다."

"나도 처음 지점장이 되었을 때 고민을 많이 했지. 잘 해내고 싶은 자네 마음을 충분히 이해하네."

잠시 과거를 회상하는 듯한 표정을 짓던 차 상무님은 말을 이어 갔다.

"자네는 훌륭한 리더의 특징이 무엇이라고 생각하나?"

"아무래도 카리스마가 아닐까요? 사실 제가 그 점에서 부족하다고 생각합니다."

"흔히 그렇게 생각하지. 하지만 카리스마는 리더십의 본질이 아니네. 역사적으로 히틀러를 비롯하여 카리스마가 넘쳤던 리더들은 많이 있었지. 하지만 정작 훌륭한 리더가 아닌 경우가 많았어. 반면에 카리스마가 전혀 없었던 리더들 가운데 훌륭한 리더가 매우 많았어. 영국의 수상 처칠, 미국의 16대 대통령 링컨은 카리스마와는 무관했지만 지금까지 만인에게 존경받는 리더로 남아 있지 않은가. 결론적으로 카리스마는 그 자체로 리더의 목표 달성 능력을 보장해 주지는 않는다는 말이네. 자네는 리더에게 필요한 자질이 있다고 생각하나?"

"아무래도 뛰어난 자질이 있어야 하지 않을까 생각합니다."

"결론부터 말하면 리더십은 자질과 관계가 없다네. 흔히 리더하면 영웅적인 모습을 떠올리지만 그 이유는 영화 속에 등장하는 리더의 이미지 때문일 거야. 실제 리더의 모습은 그냥 해야 할 일을 하는 평범하다 못해 지루한 모습이지. 그러니까 리더십의 본질은 자질과 성격이 아니라 오직 성과에 달려 있다고 할 수 있지. 성과를 내면 리더십이 있는 것이고 성과를 내지 못하면 리더십이 없는 거라고 할까. 2002년 대한민국 국가 대표 축구팀을 맡았던 히딩크 감독의 리더십을 높이 평가하는 이유는 목표를 달성했기 때문이야. 2002년 월드컵에서 우리나라가 16강에 오르지 못했다면 누구도 그의 리더십을 높이 평가하지 않았을 것이야."

차 상무님은 이전보다 조금 더 긴 뜸을 들이다 이야기를 마저 이어 갔다.

"리더십은 수단일 뿐이야. 자네는 리더십이 무엇을 위한 수단이라고 생각하나?"

예상치 못한 질문에 홍 차장은 대답하지 못했다.

"리더십은 목적일 수 없고 단지 목표 달성을 위한 수단일 뿐이네. 그런데 많은 경우 리더십 그 자체에 목적과 의미를 두고 있지. 막연하게 저 사람은 리더십이 있다고 해서는 안 돼. 그 사람은 축구 감독으로서 리더십이 있다고 말해야 옳은 표현이네. 한마디로 목표 없는 리더십은 속 없는 만두라고 할 수 있지."

리더십의 본질

여기까지 이야기를 들은 홍 차장은 일반적으로 사람들이 가지고 있는 리더십에 관한 개념은 잘못된 것이라는 사실을 깨달았다. 또한 '내가 제대로 알고 있는 것이 얼마나 될까?'라는 궁금증도 생겼다. 사실 입사한 이후, 리더십에 관한 이야기는 많이 들어 왔지만 정작 리더십에 대해 제대로 아는 것이 하나도 없다는 생각이 들었다. 잠깐이지만 끔찍한 느낌에 아찔하기까지 했다.

차주영 상무님은 홍 차장의 마음을 읽은 듯, 리더십의 본질에 관한 이야기를 시작했다.

"리더십의 본질은 3가지인데, 첫 번째 본질은 일이야. 즉, 리더십이란 일을 잘하기 위한 방법이고 수단이야. 결과적으로 목표를 달성하면 리더십이 있는 것이고 목표를 달성하지 못하면 리더십이 없는 것이지. 그러므로 리더가 해야 할 첫 번째 과제는 조직의 사명을 깊이 생각하고 올바른 목표를 설정하는 거야."

차주영 상무님은 이어 말했다.

"리더십의 두 번째 본질은 책임이야. 효과적인 리더는 리더십을 계급과 특권이 아닌 책임으로 보고 있어. 사실 많은 리더가 책임을 묻는 위치에 있다고 생각하지. 만약 상사가 그런 태도를 보인다면 팀원들이 헌신적으로 일할 수 있을까? 팀원들과 함께 달성해야 할 목표에 대한 책임감을 리더가 분명히 가지고 있을 때 비로소 사람들의 에너지를 끌어낼 수 있다네."

차 상무님은 다소 흥분한 목소리로 말을 이었다.

"리더십의 세 번째 본질은 신뢰야. 리더로서 올바른 목표를 설정하고 그 목표 달성에 대한 책임을 분명히 했지만 성실성과 일관성에 기초한 믿음을 보여 주지 못한다면 사람들은 그 리더를 진정으로 따르지 않을 거야. 말과 행동이 다르고 앞과 뒤가 다른 사람을 믿고 따라갈 사람은 없지."

차 상무님의 리더십의 본질 이야기는 너무나 당연한 이야기라는 생각이 들었다.

"차 상무님이 말씀하신 내용은 솔직히 이미 제가 알고 있는 내용이고 또 오래전에 교육을 통해 배운 관리자가 되기 위한 필요조건과 다르지 않은데요."

"자네 말이 맞네. 리더십의 본질은 관리자의 그것과 다르지 않지. 가장 훌륭한 리더는 다른 어떤 것에 앞서 효과적인 관리자가 되어야 한다는 것을 잊지 말아야 해."

차 상무님은 잠시 머뭇거리다가 말을 이었다.

"자네에게 한 가지 밝힐 것이 있네. 지금까지 내가 한 말은 나의 생각이라기보다는 현대 경영학의 아버지로 불리는 피터 드러커가 말한 리더십 이야기일세. 나도 그동안 리더십 공부를 하기 위해 책도 많이 읽고 다양한 교육 프로그램에 참여했지만 나에게 실질적인 힘을 주는 내용은 바로 피터 드러커의 경영 원칙이었어."

그 말을 듣는 순간 홍 차장은 망치로 머리를 맞은 듯 멍해졌다. 마치 해결책을 찾아 지구를 돌고 돌아 제자리에 돌아온 느낌이었다. 차 상무님으로부터 들은 내용을 다시 정리해 보았다.

리더십은 카리스마가 아니다. 리더십은 개인의 자질과 관계없다. 리더십은 목표를 달성하기 위한 수단일 뿐이다. 리더십의 본질은 일, 책임감, 신뢰이다. 효과적인 리더가 되기 위해서는 이 3가지 본질을 바탕으로 행동해야 한다. 첫째, 조직의 전체 성과에 공헌하기 위해 우리 팀이 어떤 성과를 내야 하는지 찾고 이를 위해 올바른 목표를 설정하고 팀원들이 그 목표를 명확히 알도록 해야 한다. 둘째, 목표 달성에 대한 책임은 전적으로 리더에게 있다는 것을 보여 주어야 한다. 그래야 사람들은 일에 대한 헌신적 열정을 품게 된다. 셋째, 함께하는 사람들에게 성실성과 일관성 있는 모습을 보여 줌으로써 믿고 따를 수 있는 신뢰를 주어야 한다.

집으로 돌아온 홍 차장은 오랜만에 『프로페셔널의 조건』을 꺼내 들었다. 그리고 '리더십은 어떻게 발휘하는가?' 편을 다시 읽어 보았다.

그동안 리더십에 대해 제대로 아는 것이 없다고 생각했는데 리더십의 본질을 정리하고 난 후 기초가 생기고 중심을 잡게 된 것 같아 만족스러웠다. 앞으로 효과적인 리더십 발휘를 위해 리더십 점검 질문 항목을 만들어 보았다.

리더십 점검 체크리스트

□ 나는 조직 성과에 기여하는 올바른 목표를 설정하고 있는가?
□ 나는 목표 달성에 분명한 책임감을 갖고 있는가?
□ 나는 사람들에게 신뢰를 받고 있는가?
□ 효과적인 리더가 되기 위하여 개선해야 할 점은 무엇인가?

홍 차장은 스스로 만든 질문에 대한 해답을 정리하면서 자신은 리더십의 모든 면에서 부족한 게 많다는 것을 알게 되었다. 특히 신뢰에 관한 항목은 스스로 판단할 일이 아니라고 생각하여 주위 동료에게 물어 확인하기로 했다. 홍 차장은 각 항목에 대해 더 높은 목표를 세우고 도전해야겠다는 각오를 다졌다.

리더십의 본질은
오직 그것이
달성하는 성과에 달려 있다.

리더십의 본질은
일, 책임, 신뢰이다.

8. 새로운 도전

홍 지점장이 기억되고 싶은 모습

문제로 생각해 왔던 것들의 본질을 이해하고 일을 해서인지 몰라도 홍 지점장은 평소보다 상황에 따른 판단력이 높아졌고 웬만한 문제는 원칙에 따라 해결해 나갔다. 그동안의 노력이 헛되지 않고 잘 집적된 결과였다. 현재 업무적으로는 특별한 문제나 고민은 없었지만 얼마 전부터 조금씩 공허한 느낌이 들기 시작했다.

'나는 무엇 때문에 이렇게 열심히 일하는 것일까?'

처음 그런 생각을 한 후부터 이 질문이 계속 머릿속에서 맴돌았다. 이 문제는 단순한 업무적 고민이 아니었다. 『프로페셔널의 조건』에도 그 답은 없을 것 같았다. 그래도 혹시나 하는 마음으로 다시 책을 폈다. 낡고 해진 책 표지와 수없이 그어 놓은 밑줄이 보였다. 그동안 책에서 배운 내용을 적용하기 위해 바쁘게 움직였던 시간들이 아스라하게 느껴졌다. 빠르게 책장을 넘겨 가다 책의 뒷부분에서 멈추었다. 거기엔 '어떤 사람으로 기억되길 바라는가.'라는 소제목이 있었다. 홍 지점장은 그동안 왜 이 내용이 눈에 띄지 않았는지 의아했다.

13살이 되던 해에 어느 선생님으로부터 종교 과목을 배웠는데, 그 선생님은 어느 날 교실에 들어서자마자 학생들 한 사람 한 사람에게, "너희들은 죽은 뒤, 어떤 사람으로 기억되기를 바라느냐?"라는 질문을 했다. 물론 아무도 대답하는 사람이 없었다. 잠시 있다가 선생님은 껄껄 웃으시며 다음과 같이 말했다. "나는 너희들이 이 질문에 대답할 수 있을 것으로 기대하지 않았다. 그러나 50세가 될 때까지도 여전히 이 질문에 대답할 수 없다면 그 사람은 인생을 잘못 살았다고 봐야 할 거야."

피터 드러커는 어린 시절의 이야기를 제시하며 '어떤 사람으로 기억되기를 바라는가?'라는 질문은 우리에게 앞으로 자신이 될 수 있는 사람으로 보도록 압력을 가하기 때문에 각자를 스스로 거듭나는 사람이 되도록 이끌어 준다고 말한다.

　50살이 되려면 아직 멀었지만 홍 지점장은 '이 질문에 대한 답을 구하지 못한 자신이 인생을 잘못 살고 있는 게 아닐까?'라는 생각에 빠졌다. 당장 답이 없다는 생각에 답답했지만 앞으로 한 달 동안 답을 구하기로 마음먹었다.

　그로부터 한 달 후 마침내 답을 찾았다.

> 나는 끊임없이 발전하기 위해 노력하고,
> 또한 삶의 문제를 지혜롭게 해결한 사람으로 기억되기를 바란다.

　'내가 만일 지금 죽어도 이런 평가를 받을 수 있을까?' 그런 생각을 하니 홍 지점장은 순간 아찔한 기분이 들었다.

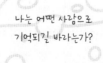

나는 어떤 사람으로
기억되길 바라는가?

홍 지점장의 일기

또 한 해가 저물어 간다. 지난 시간을 돌아보니 정말 열심히 살았다는 생각이 든다. 하지만 너무 정신없이 달리기만 한 것은 아닌지 걱정도 된다. 그래도 매 순간 옳다고 생각하는 방향으로 힘껏 달려 나갔기에 큰 후회는 없다. 적어도 지난해보다 후회가 줄어든 것은 다행이고 감사한 일이다.

몇 주 전 가장 존경하는 사람은 누구냐는 학교 선생님의 질문에 아들이 "아빠입니다. 왜냐하면 우리 아빠는 항상 지혜롭게 문제를 잘 해결하기 때문입니다."라고 말했다는 사실을 아내에게 듣고 가슴이 짠했다. 그동안 열심히 일한다는 핑계로 가족들과 함께한 시간이 많지 않아 미안한 마음뿐이었는데 아들 눈에 자신이 그런 모습으로 보였다니 정말 다행스럽고 고마웠다. 앞으로는 가족에게 좀 더 많은 시간과 마음을 쓰는 가장이 돼야겠다.

본부장님께서 다음 주에 있을 부장 인사에서 좋은 소식이 있을 거라고 넌지시 귀띔을 했다. 여전히 부족하지만 기회가 주어진다면 회사와 직장 동료들을 위해 그리고 나와 가족을 위해서 최선을 다할 것이다.

언젠가부터 모든 일이 잘 풀리는 것 같다.

우연한 계기로 피터 드러커의 『프로페셔널의 조건』을 읽고 내 일과 삶에 적용해 온 것이 그런 상승 흐름을 만든 가장 주된 이유일 것이다. 그렇게 하지 않았다면 아마도 많은 에너지와 시간을 낭비했을 것이고 지금과 같은 모습으로 발전하지는 못했을 것이다.

땡큐! 드러커.

상승감

인생을 살다 보면 좋은 날도 있고 나쁜 날도 있기 마련이다. 하지만 전체 흐름으로 보면 꾸준히 성장하고 발전하는 흐름을 만들어 가는 사람이 있다. 반대로 발전 없이 그 자리를 맴도는 삶을 사는 사람도 있다. 심지어는 하는 일마다 안 되고 점점 나빠지는 흐름 속에 있는 사람도 있다. 발전하는 흐름을 만드는 것은 모든 사람이 원하는 일이지만 살다 보면 결코 쉬운 일이 아니라는 것을 저절로 알게 된다. 변화가 빠른 세상에서 단지 열심히 사는 것만으로 성공할 수 없다는 것은 이제 상식이다.

제2부의 주인공 홍 대리의 흐름을 살펴보면 어린 시절 꾸준히 성장하는 흐름이었지만 입사 이후부터 안 좋은 흐름에 빠졌다가 다시 상승하는 흐름을 만들면서 어느 시점부터는 완전한 상승감

을 가지게 된다. 홍 대리가 상승 흐름을 만들게 된 데에는 피터 드러커의 도움이 있었다. 피터 드러커는 어떤 도움을 준 것인가?

그것은 올바른 목표를 설정하고 그곳에 에너지를 집중하게 한 것이다. 또한 자신이 가지고 있는 것을 잘 활용하여 자신이 할 수 있는 최대한의 성과를 내게 한 것이다. 그것이 바로 피터 드러커가 말하는 경영 원리이다. 경영이란 기업의 목표 달성 방법으로 발전해 온 문제 해결 방법이지만 기업을 넘어 세상만사에 적용할 수 있는 원리이기도 하다. 한 번뿐인 인생을 가장 잘 사는 방법은 자신이 가지고 있는 것이 무엇인지 파악하고 다양한 능력과 에너지를 자기 삶에서 가장 중요한 곳에 집중하는 자기경영이다.

흔히 성공한 사람들에 대해 그들은 특별하다고 여기는 경향이 있다. 물론 성공한 사람들이 많지 않기 때문에 그 자체로 특별하다고 볼 수 있다. 하지만 그것은 결과이다. 성공한 사람들은 공통으로 "저같이 평범한 사람도 해냈습니다. 여러분도 할 수 있습니다."라고 말한다. 이런 말을 듣는 사람들은 대부분 그 말에 동의하지 않는다. 나 역시 그런 말을 믿지 않았다. 성공한 사람들은 보통 사람들과는 다른 사람이라고 생각했다. 하지만 지금은 그렇게 생각하지 않는다. 몇몇 예외적인 경우를 제외하면, 그들은 분명 평범한 사람들이다. 다만 그들이 특별한 것은 높은 수준의 자기경영 능력을 갖추었다는 점이다. 성공한 사람들은 자신이 가진 모든 능력과 에너지를 중요한 일에 집중한다. 이에 반해, 보통 사람들은 자신이 가진 능력과 에너지를 여기저기 산만하게 소비한다. 결국 가지고 있는 자원과 에너지를 어떻게 활용하고 어디에 쓰느냐가 성공한 사람과 그렇지 못한 사람의 차이를 만든다.

이러한 원리는 우리가 사는 인생이든 하는 일이든 다 똑같이 적용된다. 우리는 미래를 예측할 수 없을 만큼 빠르게 변화하는 사회를 살고 있다. 큰 그림을 짐작할 수 없을 정도로 어려운 복잡계를 사는 현대인들에게 지금 가장 필요한 것은 무엇일까? 바로 자신에게 가장 중요한 일이 무엇인가를 명확하게 아는 것이다. 자신에게 중요한 일이 무엇인가를 찾고 중요한 일에 집중할 수 있는 시간을 만들고 중요한 일에 자신이 가지고 있는 능력과 자원을 집중하라는 것이 피터 드러커의 메시지다.

누군가는 피터 드러커에 대해 숲속에서 잃은 길을 찾게 해 주는 사람이라고 표현했다. 넘쳐나는 정보 속에서 오히려 혼란에 빠지는 것이 오늘을 사는 우리들의 모습이다. 그런 상황에서는 올바른 길을 안내해 줄 안내자가 필요하다. 피터 드러커를 따라가 보면 길이 보일 것이다.

『성공하는 기업들의 8가지 습관*Built To Last*』의 저자 짐 콜린스는 책을 집필하는 과정에서 '드러커가 옳았다. 그리고 우리는 해냈다(Drucker is right, and we're done).'를 책 제목으로 검토했다고 한다.

"중요한 일에 집중하라." 피터 드러커의 메시지이다. 지극히 당연한 이야기처럼 들린다. 그래서 간혹 사람들이 그의 메시지를 가볍게 생각하기도 한다. 하지만 자신이 정말 그렇게 살고 있는지 자문해 보길 바란다. 모쪼록 홍 대리가 갖게 된 상승감을 더 많은 사람이 갖게 되길 기대해 본다.

바쁠수록 가장 중요한 일에 집중하라

피터 드러커와 함께하는 자기경영 이야기

2024년 2월 15일 1판 1쇄 펴냄

지은이 홍성욱
펴낸이 김철종

펴낸곳 (주)한언
등록번호 1983년 9월 30일 제1-128호
주소 서울시 종로구 삼일대로 453(경운동) 2층
전화번호 02)701-6911 **팩스번호** 02)701-4449
전자우편 haneon@haneon.com

ISBN 978-89-5596-981-8 (03190)

만든 사람들
기획·총괄 손성문
편집 김윤하
표지 디자인 이화선
본문 디자인 이찬미

• 이 책의 무단 전재 및 복제를 금합니다.
• 저자와의 협의하에 인지는 생략합니다.
• 잘못 만들어진 책은 구입하신 서점에서 교환해 드립니다.

한언의 사명선언문

Since 3rd day of January, 1998

Our Mission — • 우리는 새로운 지식을 창출, 전파하여 전 인류가 이를 공유케 함으로써 인류문화의 발전과 행복에 이바지한다.

    — • 우리는 끊임없이 학습하는 조직으로서 자신과 조직의 발전을 위해 쉼없이 노력하며, 궁극적으로는 세계적 컨텐츠 그룹을 지향한다.

    — • 우리는 정신적, 물질적으로 최고 수준의 복지를 실현하기 위해 노력하며, 명실공히 초일류 사원들의 집합체로서 부끄럼없이 행동한다.

Our Vision   한언은 컨텐츠 기업의 선도적 성공모델이 된다.

> 저희 한언인들은 위와 같은 사명을 항상 가슴 속에 간직하고
> 좋은 책을 만들기 위해 최선을 다하고 있습니다.
> 독자 여러분의 아낌없는 충고와 격려를 부탁드립니다.
> • 한언 가족 •

HanEon´s Mission statement

Our Mission — • We create and broadcast new knowledge for the advancement and happiness of the whole human race.

    — • We do our best to improve ourselves and the organization, with the ultimate goal of striving to be the best content group in the world.

    — • We try to realize the highest quality of welfare system in both mental and physical ways and we behave in a manner that reflects our mission as proud members of HanEon Community.

Our Vision   HanEon will be the leading Success Model of the content group.